家庭教育“心”秘诀

王极盛　编著

人民东方出版传媒
People's Oriental Publishing & Media
東方出版社
The Oriental Press

图书在版编目(CIP)数据

家庭教育“心”秘诀 / 王极盛编著 .—北京：东方出版社，2023.4
ISBN 978-7-5207-2544-6

Ⅰ.①家… Ⅱ.①王… Ⅲ.①家庭教育Ⅳ.① G78

中国国家版本馆 CIP 数据核字 (2023) 第 042232 号

家庭教育“心”秘诀
JIATINGJIAOYU XINMIJUE

编　　著：王极盛
责任编辑：张晓雪　侯　魁
出　　版：东方出版社
发　　行：人民东方出版传媒有限公司
地　　址：北京市东城区朝阳门内大街 166 号
邮　　编：100010
印　　刷：永清县晔盛亚胶印有限公司
版　　次：2023 年 4 月第 1 版
印　　次：2024 年 6 月第 2 次印刷
开　　本：787 毫米 ×1092 毫米　1/16
印　　张：12.75
字　　数：163 千字
书　　号：ISBN 978-7-5207-2544-6
定　　价：68.00 元
发行电话：(010) 85924640

王极盛简介

王极盛，中国科学院教授、博士生导师，享受国务院政府特殊津贴，心理学家、教育学家与创造学家，畅销书作者。他是被媒体广泛关注的中高考问题、心理健康、家庭教育、学习方法、自主招生、创新教育、健美幸福的研究专家，也是新中国科学创造心理学、人事心理学、高考心理学研究的开拓者和心理学科学普及的开拓者。他出版著作 100 余部，被全国数百家媒体报道过，被中央电视台采访以及邀为嘉宾达 100 次以上。

王极盛从北京大学心理学专业毕业后在中国科学院心理研究所工作，1987 年晋升为教授，1988 年兼任中国管理科学研究院社会心理学研究所所长，1993 年被国务院学位委员会批准为博士生导师。曾任中国科学院心理研究所学术委员会委员、研究员职称评审委员会委员、学位委员会委员，中国心理学会理事、中国心理学会医学心理专业委员会副主任，中国人才研究会学术委员会委员，中国科学学与科技政策研究会理事，中国教育艺术研究会常务理事，中国创造力研究会委员，中国青少年研究会理事等社会职务。

在“文化大革命”时期，在心理研究所工作遭遇严重困难的情况下，王极盛向中国科学院联络员提出开展心理学研究的 14 项课题报告，并得到上级领导的支持。他坚持针刺麻醉的心理学研究，研究成果分别在 1973 年中国科学院重要成果展览会、1966～1976 年中国科学院重要成果展览会展出。

在中国心理学界，王极盛较早在公开刊物上提出开展社会心理学研究（1979 年）、建立具有中国特色的心理学（1979 年），提出非智力因素概念（1981 年）、心商论（1997 年）等观点和想法，并且系统地开拓科学创造心理学、人事心理学、高考心理学等研究领域。

王极盛 9 次获得科技成果奖，其中人事心理学研究等 5 项科技成果获得中国科学院与省级重大科技成果奖。

王极盛对诸多心理学领域有研究，影响广泛。他曾长期对女性心理进行研究，1973 ~ 1980 年在北京妇产医院对女性情绪、痛觉、女性针刺麻醉等问题进行长达 8 年的临床与实验研究，其成果获得中国科学院重要科技成果奖。他的《青年心理学》《科学创造心理学》《人事心理学》等分别是新中国成立以来这些领域的第一部专著。《青年心理学》发行了近 85 万册，为我国心理学图书发行之冠。他的《当代管理心理学》被《红旗》杂志推荐为具有中国特色的管理心理学专著。他的人事心理学研究成果曾获得中国科学院重大科技进步奖，并被提名申请国家科技进步奖。《科学创造心理学》被《思维科学研究》评价为具有很高的学术水平。20 世纪 80 年代，他从事有关退休离休的心理学研究，取得重要成果，并普及养老心理保健。1984 年光明出版社出版的《退休生活百科全书》发行了数十万册，他既是该书的编委，也是该书心理篇、社会篇的唯一撰稿人。20 世纪 90 年代初，在中央电视台“夕阳红”节目中，他多次讲授老年心理，在社会上产生了重要影响。2019 年 8 月新华出版社出版了他的《壮心不已多彩人生——著名心理学家王极盛养老系列讲座》。

王极盛连续 25 年潜心研究高考，多年深入高考一线，调查了近千所中学，对 400 名高考状元进行了面对面、一对一的访谈，访问了近百名高考状元的家长，对 4 万多名学生进行了心理健康测试，对千名复读生进行了研究，从而掌握了大量的第一手资料，出版了与高考相关的著作 30 部，总结出高考成功规律，给众多考生和家长带来帮助。

2018 年 5 月，四川科学技术出版社出版了他的《王极盛心理学丛书》（共 10 卷），即《高考成功指南》《教育问题的心理解惑》《青少年·女性·老年心理学研究文集》《科学创造的心理学研究》《管理心理与人事心理的研究》《医学心理与生理心理的研究》《针刺麻醉的心理学研究》《健康心理与幸福心理的研究》《理论心理学与心理学史的研究》《王极盛与心理学》。

他在国内外发表学术论文 300 余篇，在期刊和报纸上发表科普文章 350 余篇，期刊和报纸采访与报道共 560 篇。

新华社、中央电视台、中央人民广播电台、中国教育电视台、《中国青年报》、《中国教育报》、《中国妇女报》、《北京晚报》、《南方周末报》、《南方都市报》、《广州日报》、《深圳特区报》、《珠海特区报》、《茂名日报》、《中国中学生报》等数百家媒体报道过王极盛的高考研究成果。他被中央电视台、中国教育电视台、北京电视台、河北电视台、山东电视台等采访以及邀为嘉宾 100 次以上。新华网、人民网、CCTV 网、新浪网、搜狐网、百度网、谷歌网、网易、腾讯网等全国知名网站分别多次进行报道，仅新华网就有 20 次以上的报道。

自 20 世纪 70 年代以来，王极盛在北京大学、清华大学、人大附中、北大附中、清华附中、吉林一中、石家庄一中等多所院校，中国科学院、中国社会科学院、国家科委、中国科协、石油部、建设部、教育部等机构与部委，中国移动、中国联通、中石化等企业以及多个街道社区讲授高考心理、家庭教育、心理健康、管理心理学、人事心理学、创造心理学、健康心理学、中医心理学、老年心理学、幸福心理学等课程，为普及各领域心理学知识作出了贡献。

代序一

中国特色心理学创新性探索

车文博

著名心理学家王极盛系中国科学院心理研究所研究员、博士生导师，中国心理学会理事，中国心理学会医学心理学专业委员会副主任，曾任中国管理科学院社会心理学研究所所长。王先生人格独立，刚直不阿，学识渊博，著作等身，影响中外。

《王极盛心理学丛书》(共 10 卷)(他的 60 余部独著未收录其中)是王先生半个世纪以来心理学科学研究成果的总汇，也是他坚持心理学科学信念、为心理学争取生存空间的呐喊，用心理学贡献社会的展示。该书主要特点如下：

第一，勇于开拓，凸显创新。勤奋拼搏、勇于开拓、努力创新是王先生人格的一大特征。他发表学术论文 312 篇，科普文章 350 多篇，均有不同的创新性。在他独著 100 余部及参编 40 余部图书中,《青年心理学》《科学创造心理学》《人事心理学》等分别是新中国成立以来这些领域的第一部专著。其中《青年心理学》发行近 85 万册，为我国心理学图书发行之冠。他的《当代管理心理学》被《红旗》杂志推荐为具有中国特色的管理心理学专著。他的《科学创造心理学》得到了《思维科学研究》、日本创造学会理事长恩田彰教授的高度评价。

第二，虚实并举，贡献非凡。王先生作为中国科学院心理学研究所医学心理研究室研究员，从 20 世纪 60 年代开始，在医学心理、中医心理、健康心理诸方面从事大量实证科学研究，如精神分裂症心理学研究、慢病快治心理学研究、心理咨询与心理治疗研究、针刺麻醉心理学研究等，还主编了 10 个健康心理测试量表（中国中学生心理健康量表、中国成人心理健康量表、中国中学生心理素质量表、中国中学生焦虑量表、中国中学生抑郁量表、中国高考焦虑量表、中国父母教养方式量表、中国中学生应对量表、中国中学生创新心理量表、中国中学生幸福感量表）。其中作为主要参加者之一的针刺麻醉的心理学研究获中国科学院 1979 年重大科学技术进步奖二等奖。除获得应用心理学实证研究方面大量成果和 9 项省部级成果奖外，他还探讨过许多心理学元理论、改革心理、智力与非智力、灵感与形象思维、中国古代健康心理学思想、中国古代医学心理学思想等问题，对中国本土理论心理学与心理学史方面也有所建树。首先，王先生在“文化大革命”期间心理研究所工作遭遇困难的情况下，敢于挺身而出向上级领导提出开展心理学研究 14 项课题报告，得到上级领导的支持。其次，他早在北京大学哲学系心理学专业三年级学习时就写过一篇《论生理与心理的辩证同一性》的文章，竟在 21 年后发表于国内著名理论刊物《社会科学战线》（1980 年第 2 期）。他还有几篇重要的论文，如《试论我国心理学的发展道路》（《哲学研究》1979 年第 12 期）、《我国心理学现代化的基本理论观点和方法论——从我国心理学三十年的实践谈起》（《心理学报》1980 年第 1 期）、《试论我国心理学发展中的倾向》（《心理学探新》1981 年第 3 期）、《试论我国心理学的方法论》（《心理科学通讯》1984 年第 2 期）等，均得到老一辈心理学家潘菽的高度评价，并载入中国理论心理学的史册（见《车文博文集·中国理论心理学》第 1 卷）。此后，他被聘为中国自然辩证法研究会心理学专业组秘书，协助组长潘菽工作。

第三，实用性强，影响中外。王先生集理论研究与应用研究于一身，坚持理论联系实际的学风，敢于面对社会现实问题，广泛开展为民众造福的应用心理学研究。他视域广阔，思维敏捷，经常关注社会热点、焦点、难点问题，勇于发表个人独立见解。如信念教育、早期教育、独生子女教育、家庭教育、网络教育、隔代教育、早恋、性教育、青少年暴力、青少年心理健康、强迫、焦虑等，这些问题涉及医学心理学、生理心理学、青年心理学、妇女心理学、老年心理学、创造心理学、中医心理学、健康心理学、积极心理学、幸福心理学、管理心理学、人事心理学等诸多研究领域，其见解具有鲜明的中国本土特色，创新性与实用性强。王先生连续 25 年潜心研究高考，深入高考第一线，调查了近千所中学，对 400 名高考状元进行了面对面、一对一的访谈，访问了近百名高考状元的家长，对 4 万多名学生进行了心理健康测试，对千名复读生进行了研究，出版了高考心理研究论著 30 部，揭示了高考成功的心理规律，对考生和家长帮助甚大，产生了广泛而积极的社会影响。如他在中央电视台两套节目分别做过 14 天高考心理讲座和 11 次讲解。新华社、中央电视台、中国青年报、中国教育报等几百家媒体均报道过王极盛教授的高考心理研究成果。王先生的学术影响的广泛性不仅覆盖国内的心理学界，而且在国外也有相当影响。

注：车文博系吉林大学社会心理学系教授，博士生导师，曾任中国心理学会第五届和第六届理事会副理事长，心理学家、教育学家与哲学家。

（原载《心理学探新》）

代序二

我国心理学创新成果荟萃

王兴成

近日拜读《王极盛心理学丛书》(共 10 卷)书稿，十分欣喜。它有两个突出特点：一是王极盛教授 50 多年来一直在交叉科学领域辛勤耕耘，不断创新，开创了科学创造心理学等学科；二是他半个世纪以来坚持理论联系实际的学风，理论来自实际，理论服务实际，显示了心理学、交叉科学领域的生命力。

王极盛教授半个世纪以来，在心理学与健康学、幸福学、管理学、人事学、老年学、妇女学、中医学、医学、生理学、教育学、人才学、科学学与科技管理研究等交叉科学领域进行积极探索，大胆创新，硕果累累，功效卓著，有口皆碑。这些引人入胜的研究成果，在《王极盛心理学丛书》的理论心理学与心理学史卷，管理心理学与人事心理学卷，青少年心理学、女性心理学与老年心理学卷，医学心理学与生理心理学卷，教育心理学卷，科学创造心理学卷有具体而详尽的反映。一位心理学家在这么多交叉科学领域大有建树，实属少见，著名心理学家陈仲庚教授和车文博教授赞誉他为“中国心理学界的多面手”，诸多媒体尊颂他为“中国心理学界的状元郎”。

王极盛教授主要从事中国社会发展中重大的综合性多学科研究课题。例如，针刺麻醉、人才创新、社会心理，改革特别是人事改革，思想政治工作、形象思维、环境、高考、素质教育等重大热门课题。他在探讨诸多重大综合性问题时，大都采用定性与定量相结合的研究方法，充分运用大数据形成和提出独到的见解与创新的观念，并为实践所检验，为实际活动服务。他创造性地提出针刺麻醉原理包括生理机制、生化机制与心理机制，思想政治工作的 5 个心理学原则与 10 个心理方式，创新素质的创新人格、创新意识与创新能力的三要素结构，扬长避短处处有人才理念，人才成功的四要素，科技人员考核的量表计分法，调整好心态即高考成功的一半，心态就是分数与调整心态的四类方法等著名的理念和实用有效的方法，都在实践中得到应用与推广，并取得十分积极的影响。

本人和王极盛教授都积极和认真地参与了科学学、科技管理研究和人才学在中国的拓荒活动。他是中国科学创造心理学的开拓者，日本创造学会理事长恩田彰教授认为他的创造性研究达到了世界领先水平。1979 年我与王极盛教授一起参与人才学的研究，当时新华社播出了一则消息：“社会科学的一棵新苗——人才学破土而出。”这是中国人才学诞生的标志，他当时提出的科技人员考核的量表计分法等颇受欢迎，为职称评定科学化作出了贡献。

王极盛教授对社会心理学在中国的重建与发展作出了重要贡献。1979 年 5 月 31 日他在《光明日报》发表了《开展社会心理学研究的建议》，心理学界与社会学界对其评价甚高，“弹响了在中国大陆土地上已经沉默了 30 年的社会心理学研究的前奏”“这是中国社会心理学重建的重要标志”“推动中国社会心理学的恢复与发展”。1988 年他在中国管理科学研究院创建了社会心理研究所，为中国社会心理学的发展发挥了重要作用。

王极盛教授在高考特别是高考心态的大数据研究与长期大面积的推广活动及取得的明显效果也值得一提。全国数百家媒体报道了他有关高考的研究成果，仅 2007 年 5 月下旬到 7 月初，他在中央电视台节目宣讲高考问题竟达到 25 次。他有关高考研究的文章被中学老师张榜公布，以供大家学习。他的足迹遍布大江南北，高考报告场场掌声不断，笑声不绝。有些校长指出，从学生爽朗的笑声和灿烂的笑脸都可以看出这是一场极好和高效的心理调整课，考生们几个月的郁闷和忧愁一扫而光，心理得到了极大解放。有的学校当年出了省级高考状元，有的一本升学率翻一番。王极盛教授几乎成为家长、考生、老师家喻户晓的人物。

王极盛教授不仅是心理学界的全能专家，也是交叉科学界的高产学者，他不仅对心理学发展作出了并将持续作出杰出贡献，也对交叉科学进步发挥了并将持续发挥宝贵作用。我们热切期待他有更多创新性佳作问世！

注：王兴成系管理学家，中国社会科学院研究员，享受国务院政府特殊津贴，曾兼任中国管理科学研究院常务副院长、中国科学学与科技政策研究会副理事长、中国系统工程学会学术委员会副主任。

（原载《王极盛心理学丛书》）

内容简介

家庭是人生的第一所学校，父母是人生的第一位也是终生的老师。可是目前家庭教育面临着诸多的挑战，甚至成为每一个家庭的“老大难”问题。本书作者强调，家教无止境；强调家长要先做学生，后做老师；强调家长不断学习进步，与孩子做朋友，共同成长。重视早期教育，隔代教育，挫折教育与单亲家庭教育。

本书阐述了暗示、模仿、感染的心理机制在家庭教育中的巨大作用。基于作者研究的家庭教养方式的标准，70%的家长不及格，因此强调父母教养方式的温暖、理解、民主的魅力。该书也阐述了家长如何帮助孩子克服早恋、不良习惯、厌学等问题，以及家长如何帮助孩子提高素质，提高学习成绩。

读者对象：学生、家长、老师。

目 录
Contents

第四部分 家庭教养方式

第五部分 如何帮孩子考大学

第一部分　中国家庭教育现状

走出家庭教育的 7 个误区

王极盛

中国的家庭教育存在很多问题，但很多家长并没有意识到。因此，家教效果往往不佳。其中主要有以下 7 个误区。

一、教育孩子无师自通

中国传统认知使很多家长认为，教育孩子是自己的事，无须求助别人，因为祖祖辈辈都是这样过来的。生儿育女，无师自通，是中国传统家教的一大特点。人们种花要向别人请教，怎样才能把花养好，做衣服也要向别人求教，怎么裁好、做好、什么款式好。但怎么对待孩子、怎么培养孩子，很多家长却不去学习，而自以为可以无师自通。

有的家长信奉“棍棒之下出孝子”的说法，认为教养孩子的方法只有打，要让孩子怕，不怕怎么行。这样的教养方法大多数是失败的。

二、“听话”教育

“听话”，这是中国的父母对子女教育的口头禅。听话的孩子就是好孩子，这是中国传统教育下人们的一种共识。孩子在小的时候，自理能力很差，要求孩子按照父母或保护人的意愿去活动，避免出现危险，这无疑是对的。但是，随着孩子逐渐成长，自我意识得到不断发展，总是用“听话”两个字去教育孩子，势必在孩子的幼小心灵里灌输一种观念，大人的话、父母的话都是对的，老师的话都是对的。这就在相当的程度上限制了儿童独立思维、独立行为、质疑精神的发展，培养出的孩子很可能看着父母的眼色、老师的脸色、领导的意图办事，成为唯唯诺诺的人。

三、分数教育

应试教育几乎把分数看成评价学生的唯一标准，它也是评价教师教育效果的唯一标准。这种分数教育观在家庭教育中必然为父母树立一种盯着分数不放的观点。孩子考了高分，父母荣耀，考试分数不仅成了孩子的“命根儿”，而且也成了父母的“命根儿”。从我国目前的实际情况来看，应该说家庭教育包括做人教育、个性教育、心理健康教育与创新教育。由于我们的父母把大部分时间和精力都用在分数教育上，因而忽略了做人教育、个性教育、心理健康教育与创新教育。

四、重智育轻德育

多少年来，我们的家长都十分重视孩子的知识教育，从小让小孩多识几个字，多背几首唐诗，会算几道算术题，认为这是最要紧的。

家长重视孩子的知识教育，重视孩子的智力教育，是无可指责的。但是，很多家长忽视对孩子的品德教育和个性教育。

我们现在家庭对孩子的礼貌教育很差，孩子对长者说话没大没小，甚至顶撞父母，待人接物缺乏应有的礼貌。

21 世纪是知识经济的时代。知识经济呼唤千千万万具有高度创新意识、高度创造能力，具有丰富的科学知识，具有很强的自学能力，同时能够对社会负责和对社会发展有高度适应性的劳动者。

那些个性上唯唯诺诺，遇到困难退缩，心理承受能力差、情绪波动较大的人是难以适应 21 世纪社会发展要求的。

五、重视身体健康忽视心理健康

现在的孩子大多是独生子女，为了孩子的身体健康和茁壮成长，父母们不惜金钱为孩子准备各种各样的食物和营养品。

可是现在的家长对孩子的心理健康的关心却不够，这方面的教育也不够。有一些家长对什么是孩子的心理健康不清楚，孩子明明存在心理健康问题却不以为然。

六、重言教轻身教

“身教胜于言教”，这是古训，是我国传统家教的重要经验，很值得我们现在的家庭教育发扬光大。目前有不少的家庭教育忽视身教，有的甚至只是重视言教，这会产生负面效应。

现在的父母都渴望孩子学习好，将来能考上大学。因此，父母一再叮嘱孩子要好好学习，可是自己下班回来就看电视，一看看到十一二点；或者一到双休日，请人来家里玩麻将，一玩一整天。在这种家庭环境中生活的孩子，他们的学习积极性能不受到影响吗？

我们教育孩子要讲文明礼貌，可是有的家长却脏话不断。孩子在这样的父母身边生活成长，父母所说的脏话会通过模仿、感染等心理机制传给孩子，换句话说，脏话就是孩子从父母那里学来的。

七、忽视挫折教育

我们有些家长望子成龙心切，希望自己的孩子样样都成，样样都出人头地，但这只是家长们的愿望，实际情况不可能是这样的。人的一生中不可能没有失败的时候，而失败往往是成功之母。成绩不是轻而易举得来的，而是要花费心血，经过艰苦的劳动和奋斗才能取得的，要教育孩子懂得世上没有百分之百的成功。

（本文为作者家庭教育讲课稿）

调查表明：我国家教方式潜伏着危机

岚　峰

最近，一项调查结果引起我国不少学生家长的震惊—— 2/3 的家庭教育方式不当！这是我国著名心理学家、创造学家、中国科学院心理研究所王极盛教授对北京 1800 余名学生家长进行实证研究的结论。

一、我国的家教现状

其一，父母对子女的期望很高。望子成龙是中国父母的普遍心态，当前最有代表性的是希望孩子进好的小学、重点中学、名牌大学，然后读研、读博、出国深造，最后一举成名……

其二，父母为孩子付出的代价很大。这种付出包括物质付出与精神付出。前者如请家教、学特长等，费用不菲。后者更是难以量化。有的家长节假日、双休日陪孩子去学琴、学书法等；家长们为孩子的各级考试，尤其是高考，提心吊胆、夜不能寐。一位父亲为使胖儿子能高三体育达标，每天清晨为儿子推着自行车陪练长跑长达半年。更有甚者，孩子的学习状况、考试前途是夫妻关系、家庭氛围的“晴雨表”，好些夫妻间“战争”的导火线是因对孩子的教育方式有异而点燃的。

其三，收获很小。好些家长为了孩子可以赴汤蹈火，在所不惜，但往往事与愿违。许多母亲除了上班，其余精力都放在孩子身上。一名五年级女孩儿的母亲干脆辞职在家，希望把孩子的生活和功课搞好，但孩子的成绩离她的希望差距很大。

二、我国的家教类型

为何出现这种状况？王教授认为，从教育学和心理学看，是父母教育方式不当造成的。这 2/3 不当家庭教育方式中，过分保护和过分干涉型的家长分别占 30% 左右，严厉惩罚型的占 7%～10%，而真正属于温暖、理解、民主型的家长仅占 30%。下面将其特征分述如下：

过分保护型：通俗地讲就是包办代替。这样的情形我们不难见到：一道题做不了，孩子便喊：“妈，您过来，过来！”如此积习谁之过？过在父母！某中学初二学生李某，家住 6 楼，每天早晨都由母亲牵着手下楼。王教授问其母为何如此，其母说：“我就是不放心，怕他愣头愣脑地往楼下跑摔着。”家长对小学生特别是中学生的过度保护，对其心理健康和个性发展是极其不利的，导致他们依赖性很强，社会适应性很差。

过分干涉型：通俗地讲就是画框框，定调调，这样能做，那样不能做。一个高三女生，父母均在国外，填高考志愿总拿不定主意，最后请王教授帮忙。原来，母亲对这个女生从小干涉过多。每顿饭量多少，洗澡水的冷热，衣、鞋的款式颜色等，统统要管。王教授认为，过分干涉会使孩子创造性思维受到很大影响，缺乏思维的批判性和创新精神，容易形成墨守成规、不思进取的特点。

严厉惩罚型：通俗地讲就是“棍棒之下出孝子”。一名 12 岁的中学生刘某对王教授说：“我爸爸常因我考试不好打骂我。我现在回家都不敢看他的眼睛。”王教授指出，严厉≠严格，这种教育方式会产生两种结果，一种会造成孩子退缩、胆怯、自卑等不良性格，在一定条件下可引起孩子的心理障碍；另一种会形成孩子暴躁、敌对、蛮横无理、说谎等不良性格。

温暖、理解、民主型：这是一种好的、积极的教育方式，即对孩子晓之以理，动之以情。鼓励孩子追求真理，有主见，善于倾听不同的意见，宽厚待人。父母对子女的理解与情感温暖是一种信任，一种心理沟通和支持。这种教育方式能保护子女的自尊心，能调动子女的心理潜力，产生积极的心理效应。表现在有良好的行为与习惯，如遵守社会公德和社会秩序，培养良好的学习习惯和学习态度等。

以上 4 种家庭教育方式是典型的，现实中常常是以一种家庭教育方式为主，另一种家庭教育方式为辅的混合型教育方式。

（原载《中国妇女报》2000 年 1 月 14 日）

五大误区家长要避开

郑 超 杜 丁

离高考的日子不足两个月了，许多家长开始心急上火了。孩子考试，家长比孩子着急。于是，考试不再只是考学生，很大程度上也是在考家长。一些家长在孩子高考过程中，心理焦虑表现得相当严重。为此，中科院心理研究所王极盛教授给家长开出处方。他告诉记者，如果家长处理方法不当，会影响考生的成绩。其实，高考并不神秘，是有规律可循的，遵循高考的规律就能成功，违反规律就有可能失败。

一、指点迷津：不要瞎帮忙

许多家长认为，高考是大事，整天急得嘴唇都起泡了，夫妻经常为孩子高考的事吵架，不知道如何下手，一会儿要孩子这么做，一会儿要孩子那么做，事实上这些家长在瞎帮忙，帮倒忙。中科院心理研究所王极盛教授说，高考前期的家长有五大误区：

误区一：过分保护。家长高考前把孩子重点保护起来，全家人都围着孩子转，甚至有的父母请假在家照顾孩子，实际上这不利于孩子以一颗平常心去参加高考，反而给孩子造成太大的心理压力，影响孩子在考场内正常发挥。

误区二：过分干涉。有许多家长认为，这段时间太重要了，孩子要一门心思复习、做功课，不能做其他的事，对孩子的自由进行限制，不准做这，不准做那，这样的效果反而适得其反。

误区三：过分期待。对孩子的期望值过高，超过了孩子的实际水平，不够重点大学的分数也报重点大学，这样容易挫伤孩子的自信心。

误区四：家长要言传身教，以身作则。有些家长常常对孩子说，快高考了，不能看电视了。而他们自己却在看电视，不但容易引起孩子的反感，而且也会影响孩子的复习。

误区五：要重视心理健康。有些家长对孩子的身体倍加呵护，却忽视了孩子的心理健康。

二、4 月真经：五不要五要

不要唠叨：整天把高考挂在嘴边，时时对孩子说，要抓紧时间复习，其实孩子的心里也非常紧张，越说孩子越紧张，越说孩子越烦躁。

不要许愿：一些家长总想用一些奖赏来调动孩子的积极性。比如，“考得好，我给你买个笔记本电脑”“考上北大，我带你到国外去玩”，这些并不能起到什么实际的效果。

不要威胁：一些家长为了给孩子制造压力，就威胁孩子，“考砸了，我们就不管你了”，诸如此类，会使孩子产生恐惧心理，不利于孩子复习。

不要盲目给孩子买辅导材料，报辅导班：家长对学校复习的程序和内容并不了解，认为多复习辅导材料会有效果，结果是冲淡了老师的复习计划，只能给孩子增加压力。不要盲目报辅导班，辅导班有时能起到一些作用，但盲目报辅导班的话，就会分散孩子的精力，没有把老师叮嘱的内容复习全面。

不要请假在家照顾孩子：这样会给孩子造成太大的心理压力。

要制造良好的家庭气氛：把 4 月看作平常的日子，夫妻之间，与孩子之间的对话要和平常一样和谐。

要重视孩子的心理健康：多作积极的暗示，使孩子以一颗平常心去对待高考。

要经常和老师交流：特别是一模、二模后，家长要和老师多交流，发现差距和不足后，家长要充分利用这一个多月的时间，和老师共同把孩子的成绩提高上去。

要注意孩子的饮食和睡眠：吃平常吃的，不要熬夜复习。

要搜集整理填报志愿的信息，然后和孩子沟通志愿的意向。

三、5 月宝典：五要五不要

要情绪稳定。家长情绪稳定，通过感染、暗示等心理机制，有助于考生情绪稳定。家长情绪不稳定，心情紧张，不利于考生良好心态的建立。

要情绪愉快。家长对考生考试充满信心，情绪饱满，都会对考生产生积极的影响，有利于强化考生的信心。

要告诉考生只要尽力就行。这有利于减轻考生来自家长方面的压力。考生轻轻松松上考场，认认真真做试卷。

要搞好考生的饮食卫生。考生吃平常的饭菜就可以了，不必再去加强营养。搞好饮食卫生，使考生精力充沛地参加高考。

要做好必要的督促检查。对考生的考试用品如准考证等是否携带齐全做必要的督促检查，对去考场的路线、赴考场时间做必要的提示。

不要给孩子定每门课考试分数指标。也不要经常问孩子的成绩，否则就会给孩子加压。

不要规定孩子考上什么大学。

不要把自己的意愿强加给孩子。指导孩子报志愿，但不是代替，否则易引起孩子的对抗情绪，影响考试成绩。

不要后悔。孩子确定志愿后，家长后悔志愿过高或者过低，整天抱怨，会影响孩子复习和考试。

不要送孩子上考场。送孩子上考场，不利于孩子考试信心的加强，反而增加了考试的压力。在高考期间过多地问孩子复习与作答情况，易引起孩子情绪波动，不利于考试的正常发挥。

（原载《信报》2003 年 4 月 14 日）

中科院心理研究所教授王极盛对 1800 余名学生家长实证研究

高 山

2/3 的家庭教育不当，这是中国科学院心理研究所教授、博士生导师王极盛对北京 1800 多名学生家长实证研究得出的结论。

家教是大家普遍关心的问题，也是一个社会问题。许多家长对孩子期望很高，节衣缩食，早出晚归，物质和精神都付出很大，但效果不明显、收获很小。王教授说，关键是教育不当，没有一套科学的方法，盲目地、自以为是地教育孩子。人们有一种错误的观念：谁不会生孩子？谁不会养孩子？谁不会教育孩子？以为家庭教育可以无师自通，生、养、教都是自发的、本能的，各有一套办法。其实这是一个很大的误区。王教授说，他在一次家教会上问在场的 150 多名家长谁看过心理学、教育学，当时举手说看过心理学的只有 4 个人，看过教育学的只有 3 个人。

近年来，王教授用外国父母教养方式量表及自己编制的父母教养方式量表对北京市 1800 多名学生家长进行了测试。结果发现有 2/3 的家长教育方法不当。王教授根据测试结果把家长的教育方式分为 4 类。

1. 过分保护型的家长占 30% 左右。过分保护就是父母什么都代劳了。有的中学生到了高中都不会削苹果。父母就像保姆一样干家务，帮助孩子解决一切问题，其实这就是溺爱。这些孩子失去了正常的、积极的、自由发展的个性，结果培养出了孩子懦弱、依赖与无能的性格。这种生活环境熄灭了孩子的创造欲望，处处需要别人的指点与帮助，没有开拓精神，智力发展受到限制。

2.过分干涉型的家长占 30% 左右。如果说过分保护是包办代替的话，那么过分干涉就是限制孩子的言行，画框框、定调调，孩子按父母的要求和意愿去活动，不能违抗父母的指令。这样的父母使孩子缺乏思维的批判性，做事没主意，人云亦云。孩子不敢逾越父母的认识，局限孩子的思想，使孩子很少有发散性思维，思想被禁锢，没有灵气，也会影响孩子将来的创造力。

3.严厉惩罚型的家长占 7% ~ 10%。这种教育方式目前不是很普遍，但确实存在。父母对孩子严格要求完全正当，但严厉惩罚可能会适得其反。严厉惩罚型一般有这样几种类型：①家长教育孩子态度生硬，对子女缺乏感情，言语粗鲁，方法简单；②强迫子女接受自己的看法与认识，孩子嘴上接受，心里不接受；③常挖苦责备甚至打骂孩子，损伤孩子的自尊心。这些教育方式可能使孩子的性格压抑，心理自卑，遇事唯唯诺诺，缺乏独立的能力，影响孩子健康人格的发展，同时也可能使孩子像父母一样，粗鲁、冷酷、没有教养。

4.温暖、理解、民主型的家长仅占 30%。王教授曾对北京大学和清华大学的 60 多名高考状元做过调查，结果发现，几乎所有的状元家长都属于温暖理解型的。民主宽松的家教环境给学生心理和人格发展提供了广阔的空间，学生可以按照自己的爱好和兴趣自由发展。当然，民主式的家长也对孩子的发展提出建议，理性地指导孩子成长。王教授分析，高考状元家长对孩子的影响主要体现在 4 个方面：①家长对孩子在学习上要求不多，但在做人上要求孩子做一个正直的人；②不硬性要求孩子考多少分，不施加压力，只要尽力即可；③为孩子选好的学习环境，为此，有的家长不看电视甚至不说话；④这些学生从小到大都没有挨过父母骂，所谓棍棒之下出孝子或出才子并非真理。

王教授强调，现在很多家长只买营养品给孩子吃，但很少买心理学、教育学的书读。只有把现代心理学和教育学的一些基本的方法、理论掌握好，并灵活地、具体地和孩子的教育实践结合起来，家庭教育才可能成功。

（原载《中国青年报》1999 年 11 月 17 日）

我们今天最缺什么
——来自近两万名中学生调查的信息

李　玲

心理学家王极盛教授曾说："当前中学生的学习压力过大，情感温暖与理解是目前学生们感到最为缺乏的'稀有品'，目前要提防将素质教育与应试能力对立的倾向。"这是王教授正在进行的课题《中学生心理素质研究》在对北京 30 所中学近两万名中学生进行调查、测试后得出的结论，发出的忠告。

王极盛教授任职于中国科学院心理研究所，长期致力于青少年心理健康研究。至今已出版《青年心理学》《科学创造心理学》《心商 MQ 学生最新成功法宝》等 20 余本书,近 500 万字。谈到自 1996 年开始的这个课题，王教授说，通过调查发现，现在中学生面临的最大压力还是来自功课负担，这是引起诸多不良情绪如抑郁、焦虑、敌视和人际关系紧张等的直接原因，并严重影响到学生的心理健康。同时，中学生学习成绩优良与心理素质密切相关，成绩好的孩子不仅智力状况发展得好，更重要的是具备了良好的心理素质，注意力集中，控制情绪的能力强，意志坚定，人际关系和谐。

王教授也谈到目前我国传统"应试"教育在向素质教育转轨中的问题：一些人把素质教育简单地理解为取消考试。在调查中，一位中学校长说，我们对刚入学的初中生进行摸底考试，成绩让人吃惊，有的学生的数学只得了七八分。这位校长说，素质教育绝不是"放羊教育"，如果这样，他们的小学教育是"快乐"了，但让我们中学怎么办呢？对此，王教授说，实际上，素质教育与应试能力并不是非此即彼的对立关系，它们应该是一种统一的关系。会考试，也是能力的一种表现。素质教育反对的是大量的没完没了的作业、考什么学什么以及这种学习模式带给学生的巨大心理压力，而并不意味着削弱科学文化知识教育。如果把素质教育理解为削弱科学文化知识，那我们就将走入另一个误区。

那么，“素质教育搞好了，是否就能增加上大学的人数呢”？对于来自家长的这一良好愿望，王极盛教授认为，这个愿望是非常好的。但从宏观上看，能否上大学是受国家经济发展状况与高等教育发展状况制约的。那么，是否说没考上大学的这些学生的生活之路就黯然无光呢？绝不是的。一个社会不可能只靠大学毕业生来参与建设，会需要更多层次的劳动者。21 世纪也对劳动者的素质提出了更高的要求。真正的素质教育就是要面向所有的受教育者，提高受教育者的全面素质，从而使学生能对自己准确定位，不论在什么位置都能发挥出自己的最大能力。

王教授接着说，现在的父母对子女期望值很高，付出的代价很大，得到的却是太多的失望，其中一个重要原因就是家长的教育方式不够科学。在被调查的学生中，有 2/3 的父母养育方式存在着过分保护、过分干涉、严厉惩罚的误区。而情感温暖与理解是目前学生们感到最为缺乏的“稀有品”。对此王教授提醒家长，父母教养方式与学生心理健康呈正相关关系，父亲的惩罚严厉、拒绝、否认，母亲对子女的过度干涉、保护，会让家长的一片心血化为泡影。

（原载《中国青年报》1999 年 4 月 26 日）

解读青少年心理健康 专家解读少年心

欣 文

一、32% 的中学生有心理问题

心理学家王极盛向外界宣布了他对全国中学生的调查结果，结果显示，有 32% 的中学生有心理问题。此项调查结果一公布，立即引起教育界、心理界、新闻界的强烈关注。中学生心理健康问题再次成为人们谈论的热点。

现为中国科学院心理研究所教授、博士生导师的王极盛，从 1995 年开始这项浩大的调查。他先后访问了 100 多所学校、500 多个班级、两万多名学生，并为此编制了中学生心理测量表，作为中国中学生心理评价的标准。

王极盛认为，学习压力感已成为中学生最严重的心理问题。强迫现象（明知没必要做还要做，比如反复检查作业等）、偏执（想法总和别人格格不入，觉得大多数人不可信任等）、敌对（无缘无故发脾气，自己控制不了）、人际关系敏感（常感到别人对自己不友善，和异性在一起非常不自在等）、抑郁、焦虑等心理问题都和学习压力有关。

二、学业压力影响心理健康

王极盛提出，减轻学生压力已经到了非解决不可的时候了。现在中学里学业沉重，已深刻影响到中学生的心理健康。

调查发现，高中生与初中生、男生与女生在心理健康状况上是有差别的。

总体而言，高中阶段的学生比初中阶段的学生体会到更多的焦虑感、学习的压力感，更觉得难以适应学校生活，情绪也容易波动起伏。女生的心理比起男生来有更多的强迫现象、人际关系敏感，更抑郁、焦虑，感到更多的学习压力和情绪不稳定。

三、原因在哪里

有 32% 的中学生存在心理问题，原因在哪儿？

最根本的原因还是在应试教育上。心理问题是应试教育的反映。学生书本多、考试多、课程多、作业多、补习多、竞赛多，一切一切都构成应试教育的内容，学生学习负担太重，学生们快疯了。

王极盛拿他的儿子举例。几年前，王极盛赴日作研究，带上了家人。在日本，他的儿子为了不落下中国的课程，每天下午 3 点到 5 点是学习中国课本的时间。一年后返国，儿子仍在以前的班上就读，各门功课依然出类拔萃。而在这一年中，中国的学生不知做了多少题目，熬了多少夜。

四、70% 的家庭教育方式不当

王极盛还披露了一个惊人的数字：中国 70% 的家庭教育方式不当。不正确的家教方式是中学生存在心理问题的另一个重要原因。正确的家教是民主的、温暖的。而现在，有 70% 的家庭要么对子女过分保护，要么过分干涉他们。中国的家庭教育是一种“听话教育”“分数教育”。

王极盛专门对 1999 年全国 60 多名“高考状元”进行了系统的访问和研究（该课题已成书《高考成功的十大秘诀》出版）。结果表明，几乎所有“状元”的家庭都是非常民主和睦的。这些家长关心的是子女学习的过程、他们是否尽力，而不是他们的考试成绩。内蒙古的一位高考状元甚至说，能取得这么好的成绩，关键是家里给了他自由发挥的空间。

五、重视中学生心理问题

有些中学生经常在家里、在学校乱发脾气，与父母顶撞，或者动不动就宣称要离家离校出走，很少会有家长带子女作心理咨询或是去医院检查。相反，父母一般都会认为这是成长中的个性问题而将之忽略了，或是仅仅把这类现象与人品、道德和思想联系起来。事实上，这通常都是心理出现问题的症状。

王极盛对这种现状深表担忧。他说，现在多数学校没有专职的心理健康教师，整个国家都缺乏这种师资。教材也十分不理想，全是概念到概念的东西，没有很好地从解决学生心理问题的实际出发。另外，一些学校虽然开辟了心理咨询室，但形同虚设。这 3 个方面都有待于建设。

王极盛说，中学生心理健康应当作为国家的一项教育战略任务来对待，因为这是中华民族伟大复兴的心理基础。

（原载《心理世界》2001 年第 12 期）

第二部分　家庭教育各种问题

问题1：早恋问题

教育专家王极盛谈青春期早恋

天　竺

兰州市某中学高一学生在课间自习时拥抱了一下女同学，班主任发现后勒令其退学。这件事经媒体报道后，同以前因恋爱怀孕而被大学开除的女大学生事件一样引起了人们的广泛关注，只是这次学生的年龄更小一些。我们通常把这类事情统称“早恋事件”。有关资料显示，中学生谈恋爱的已经高达80%。早恋，再次成为我们关注的热点。

近日，青少年心理和教育专家王极盛接受了我刊专访。

天竺（以下简称天）：“早恋”这个词我们说得很多，但准确来说，究竟什么时候“恋”算早，我们通常说的“早恋”该如何定义？

王极盛（以下简称王）：早恋其实没有明确的定义，它是普通人认定的一种现象。一般来说，根据青少年的生理、心理发育年龄和实际状况，早于一般水平的恋爱就称为早恋。这里的“早恋”具有社会特定性，和社会标准有关，不是一个绝对的概念。我认为，“早恋”不过是因为社会标准不一样而产生的结果。打个比方，一个职高生毕业后踏入社会自食其力了，这时候他谈恋爱，我们觉得很正常。但如果这件事放在一个正上高中准备考大学的同龄孩子身上，我们就会觉得不正常或不应该，而社会力量也会加以阻止。

天：这令人想起电影《九九艳阳天》，里面的歌唱道：“十八岁的哥哥，坐在小河边。”英莲和小战士刚过18岁，已经谈婚论嫁了，大家都觉得很正常。

王：对。歌德说："哪个少女不怀春，哪个少男不钟情。"人本来就是感情动物，到了一定年龄要谈恋爱，是很正常的事，何况现在的社会环境和几十年前大不一样，现在青少年的生理和心理成熟年龄都比从前的孩子大大提前。

天：上面提到的两个案例的当事人都因为"早恋"受到学校的处罚。评论家马少华先生认为老师的价值取向有问题，对"早恋"的看重高过了学生的"人格和尊严"。您怎么看待学校的处理？

王：我们要从两个方面来看：一方面，早恋就是谈恋爱，而不是异性间的正常交往。在中学生案例中，老师说学生谈恋爱，唯一的证据就是一个拥抱，这是不对的。拥抱有可能是恋爱，也有可能不是，很多谈得来的异性朋友之间也会有类似的举动，所以拥抱的表象不足以说明问题。学校仅凭这个就认定是早恋，从而将学生开除，是不妥的。另一方面，青少年对感情向往是正常的，为什么会受到学校和社会的阻碍呢？因为他们还是学生，主要任务是学习。学校为了让学生更好地学习，制定了相关的规章制度。作为学生，进了校门就等于和学校达成了协议，接受学校的管理，遵守各种规章制度。大学生案例中，我认为学校开除她，是因为她的行为严重违反了学校的规章制度，而不是因为别的，我个人认为是合理的。当然，这里面涉及的隐私问题另当别论。

天：有人说："初恋是愚蠢加上太多的好奇心。"在我们知道的早恋案例中，其实，许多中学生对自己的感情并不了解，把自己对异性朦胧的好感理解为爱情，认为自己是在恋爱。请问，什么叫喜欢，什么叫爱？两者究竟有何不同？

王：对于是不是在恋爱，我有一个八字口诀，青少年朋友不妨一试，那就是当你学习或休息时，异性的身影是不是“不召即来，挥之不去”。如果不是，就是友谊；如果是，那八九不离十就是恋爱了。友谊一般比较自然大方，背景一般在广阔的公众空间；而爱具有排他性，一般更愿意在隐秘的空间活动，而且从行为来看也更为不自然，伴随紧张、焦虑等现象。

天：因为普遍认为男女间没有纯洁的友谊，学校为了防止学生早恋，采取了很多措施，如男女分班，在宿舍楼安装摄像头。做父母的也不容易，女儿大了，上学、放学反倒需要每天接送了……而有的父母，见不能阻止孩子恋爱，干脆连避孕套都给孩子买好。您说，在孩子早恋问题上，学校和家长究竟该怎么做?

王：首先，我不赞成男女分班，这种方法既没效果，也不值得推广。青少年大多叛逆，你越不要他这样，他就越要这样。而且，把男女分开更增加了异性间的神秘感和好奇心，这样反而与初衷背道而驰。从心理健康角度来说，把男女生长期隔离，会对他们的心理健康造成不良影响。我在工作中，接触到许多婚姻不幸的成年人，他们婚姻不幸的原因大多要追溯到青少年期间的性压抑。所以，无论基于哪种考虑，我都不会赞同这种男女隔离的教育方式。

其次，我认为男女之间会有纯洁的友谊。为什么不能有呢?成年人在工作中会有关系密切的异性同事，青少年为什么就不能拥有异性同学的正常友谊呢?在青少年的异性交往问题上，学校和家长不必大惊小怪，动不动就给孩子扣上“早恋”的帽子。我发现在一些早恋案例中，很多孩子是因为老师和家长的怀疑，被迫弄假成真。对孩子与异性的交往过于敏感，是老师和家长的通病，当然这和那代人的经历有关。作为老师和家长，如果发现孩子有早恋倾向，最好通过交流，提醒、建议孩子走出感情困扰，而不要以命令、惩罚等手段来解决问题。

我鼓励男女生正常交往。我对自己的儿子也是这个态度，鼓励他与女生多交往。孩子现在读大学，经常带同学到家里玩，男的女的都有，有时饿了大家还一起动手做饭吃。我认为没有什么，很好，很正常，孩子们也玩得很高兴。

天：对青少年早恋问题，国外的社会和家庭是如何处理的？有没有什么好的经验可供我们借鉴？

王：在发达国家，家长一般是鼓励孩子从小多和异性接触的，认为这样有利于孩子的健康成长，到了年龄不接触是不正常的。因为工作关系，我曾在日本待过几年。就我看到的，日本根本没有“早恋”这一说。因为经济发展和社会文化等因素，他们非常注重人作为个体的权利和自由，社会和家庭都较为开放，对孩子的异性交往没有太多干涉，而且他们在这方面的教育也比我们完善，一般青少年都具备生理常识，值得我们借鉴。但完全放任不管也是不行的，这几年日本的少女未婚先孕比例大大提高，已引起社会的关注。

天：近几年，我们听到许多关于早恋的新说法。中国社科院研究员陈一筠教授说，“早恋”应该叫“早练”；另有专家主张最好不用“早恋”而用“中学生恋爱”这个中性概念来代替，既不贬，也不褒；还有人说，孩子不是“早恋”而是“来往过密”。您如何看待这些新名词的出现？

王：这些新名词的提出，说明社会对早恋现象正在以更加人性化的视角去看待，但我个人认为没有必要。我的看法是，一般的青少年正常交往不应该称为“早恋”，不要归入“早恋”的范畴。所谓的“早恋”就是两个人在恋爱，这种恋爱的实质和成年人的恋爱是一样的，只是早于一般人的年龄水平。

天：随着“早恋”的日益普遍，“性”的问题已成了学校和家长最担心的问题。我手上有来自北京妇产医院的数据：1998 年，该院接受中期引产手术的女性中，一半左右未婚，其中 20 岁以下的女孩占 14%。但是 2008 年，该院最近的一次粗略统计表明，做大月份引产的女性中，50% 为 18 岁以下的少女。您对此怎么看？

王：很巧。本人就在北京妇产医院当过 8 年的心理医生，做过青少年心理咨询工作。你说的这种现象确实很多，有些孩子还是几进几出，令人担忧。在青少年性教育上，不得不承认，我们做得不够好，老师和家长都有责任。除了《生理卫生》课本上的内容外，我觉得学校还应该在性心理、性生理、性安全等方面进行普及教育，不要怕孩子知道了会怎么怎么样，这些都是科学知识。男生也好，女生也好，知道了总能避免许多不必要的伤害，特别是女生。

天：在性教育问题上，学校和家长普遍认为，孩子不知道就不会犯错。有媒体报道，前不久，一个 12 岁的男孩把一个 7 岁的女孩强奸了，7 岁小女孩的父母一气之下，把小男孩给活活打死了。

王：这就是典型的早期性教育缺乏造成的悲剧。我分析这个男孩做这种事有两方面的原因：其一是受外界事物的影响，比如电视剧，他模仿了剧中的某个人；其二是他不知道这样做带来的严重后果，这会给女孩带来什么样的伤害。如果知道了，他肯定就不会做了。比如，杀人的后果，通常是一命偿一命，具备了这种常识，我们就会控制自己的愤怒。

天：现在，热播的韩国电视连续剧，在青少年中造成了较大的影响，许多青少年喜欢模仿里面的主人公高消费、谈恋爱什么的。此外，我们还注意到随着网络的普及，青少年网恋已成为一种流行。您如何评价传媒在青少年早恋问题上的社会责任感？

王：媒体应该担负强烈的社会责任感，不管网络、报纸，还是电视，都应考虑到自身带给社会的影响和后果。韩剧我没有看过，无法评价。但许多影视剧确实给青少年带来不好的影响。此外，我对青少年受网络影响的感触很深。因为网络深不可测，上面什么东西都有，能满足青少年的好奇心。不论好的坏的，在好奇心的驱使下，青少年十分容易模仿，因此走上邪路。媒体传播的东西总的来说都应该是正面的健康的，管理部门应该有所控制。像网络这样不太好控制的，就只有靠我们学校和家长加强对孩子的正面宣传和教育，让青少年自己具有鉴别能力，知道哪些是好的哪些是不好的。这就像打预防针预防疾病，再好的身体也一定要预防，否则难保碰到病菌不会生病。

（原载《黄河，黄土，黄种人》2009 年第 2 期）

50年代的大学没人逃课，情侣不敢拉手

李　婧

王极盛，1937 年 10 月生，辽宁省丹东市人。心理学家、著名研究专家、中国科学院博士生导师、国务院政府特殊津贴获得者，中国心理学会理事，中国医学心理研究会副主任，全国自学研究会筹委会副主任，中国科学学与科技政策研究会理事，中国教育艺术研究会常务理事，中国创造力研究会委员，中国管理科学研究院社会心理学研究所所长，是一位被媒体广泛关注的高考问题研究权威，被公认为中国高考心理指导第一人。

一、特点：学生都踏实实在

记者李婧（以下简称李）：您能回忆一下，那个时代大学生的特点是什么吗？

王极盛（以下简称王）：那一代学生比较踏实、实在，基础知识好，诚信，没有忽悠你的，勤勤恳恳。现在的学生创新精神强，适应性强，有个性，但是不踏实，甚至急功近利。

而且现在的学生爱情观、家庭观都没有建立，不严肃。这前面都得加一个词，就是“有的”。20 世纪 50 年代的时候说他有生活作风问题，这一辈子就完了，比你偷东西、抢东西都恶劣，那是比天还大的事。现在生活作风问题、一夜情，谁管谁啊？

那个时候，北大的学术气氛很浓厚。北大图书馆仅次于中国最大的北京图书馆（现改名为国家图书馆），北大图书馆据说当时藏书两百万册。我们有时间去图书馆看书，也占座。

北大有几个抢座的地方。有一个最大的图书馆，本部的，另外在文史楼，楼上有一个阅览室，这也是抢座的地方，还有现在东门旁边的一个平房，也是一个阅览室，这都是抢座的地方。北大学生都是抢座的，反映当时学生学习的热潮。

李：那个时候有“逃课”的学生吗？

王：我说北大没有逃课的，那是精神的海洋，去了一心一意地念书，哪有逃课的。

二、生活：一个月 12 元生活费

李：您还记得自己一个月多少钱生活费吗？

王：12 块钱，32 斤粮票。 12 块钱是相当好的。普通老百姓，12 块钱是相当好的。我爱人她们家兄弟姊妹 7 个，加上父母 9 个人，工资很高，不到 100 块钱，生活得非常好。那时候是非常富裕的家庭。家里孩子吃得好，什么都好，邻居都很羡慕。

我是 1957 年 9 月 5 日从丹东（我是丹东市唯一一个考上北大的）过来，一个人过来，到了北京站，有接站的，到了学校，夜里很晚了，晚上住在北大哲学楼一楼东面靠南一个小教室，能装十来个人，铺着稻草睡了一晚上。第二天早饭有米粥、馒头、鸡蛋。当时想，这不跟过年一样？ 太丰盛了！当时学生伙食是不错的，北大学生在食堂吃饭都是站着吃，没有凳子。32 斤粮票是粗细搭配的。但我印象中，1959 年以前，细粮多。1959 年，三年困难时期，一律是窝窝头，咸菜疙瘩，吃不上酱油，相当困难。虽然困难，但我们一点都没有感觉到困难，一心用在学习上，上北大求学，价值观不一样，当时北大主流价值观是求学习、求发展，不是讲究吃和穿。所以困难也没有感觉到，但是当时相当困难。

三、恋爱：情侣不敢拉手

李：那时候学校有没有人谈恋爱？

王：有人谈恋爱。那时候谈恋爱不能拉手的。学校不赞成也不反对。后来有规定，不能谈恋爱，谈恋爱就开除学籍。但是谈恋爱，你能抓着吗？我两个在一起就是谈恋爱吗？但是有一件事不行，如果女生怀孕了就要开除。

我就认识一个人，她因校园恋情怀孕受到严肃的学籍处理。没有开除，但被记过了。现在的情况，是中国人权的进步，现在大学生谈恋爱是理所当然的，而且还允许生孩子，生孩子有产假保护。这是中国社会进步的反映，是中国人权的进步，但是我不主张大学生谈恋爱。凡是高三谈恋爱的人，我在北京调查，98% 以上考大学不在一个地方，一个在北京，另一个在别的地方。不仅是这样，博士也好，硕士也好，到美国去，不在一个地方，很快就分开了。其实，大学生应该守住道德底线，为自己的人生负责。

（原载人民网 · 教育频道 2009 年 9 月 3 日）

问题 2：习惯问题

学习习惯高于考试分数

孙宏艳

高考状元的最大秘诀就是热爱学习，并拥有良好的学习习惯。72.8%的学生认为，不良的学习习惯影响自己的学习成绩。

王极盛，中国科学院心理研究所研究员，博士生导师，他负责的人事心理学研究等五项科研成果获得中国科学院和省部级重大科学成果奖，曾在国内外出版专著 30 部，其中《青年心理学》《科学创造心理学》等分别是新中国成立以来这些领域的第一部专著，近年来主要从事学生心理健康、高考心理规律、家庭教育心理等方面的研究，全国百多家媒体曾介绍其研究成果。

一、习惯是心理素质的重要组成部分

孙宏艳（以下简称孙）：王老师，您做心理研究多年，能否从心理学的角度解释一下习惯在人的心理素质中占据怎样的位置?

王极盛（以下简称王）：每一个人都有习惯，习惯是人的重要的心理素质。积极的、良好的习惯是人的良好的心理素质的重要组成部分，而不良的行为习惯则构成了人的不良的心理素质。所以，习惯存在于每个人身上，任何社会的任何人都有习惯。它作为心理素质的一部分，贯穿于人的一生。因此，习惯问题非常重要，它实际上是人的行为倾向的一种需要。

孙：您认为应该怎样给习惯分类?

王：习惯可以按照不同的活动领域来划分，人有什么活动，就有什么习

惯。比如，有学习活动，就有学习习惯；有运动活动，就有运动习惯；有消费活动，就有消费习惯……习惯的种类应该和人的活动的种类完全一致。

孙：人的习惯是否生来就有？

王：习惯是培养出来的，而不是生来就有的，它是在人的生活实践中逐步形成的。它可以养成，也可以改变。当然，培养起来容易，改变起来困难。

孙：我们国家现在非常提倡素质教育，您认为习惯和素质之间的关系怎样？

王：习惯和素质并不矛盾，素质教育不是抽象概念，它表现在学生每天的学习、生活当中。应该说，培养良好习惯是素质教育的重要内容，特别是培养学生良好的学习习惯。

孙：但目前的现状是父母普遍忽视良好学习习惯的培养，而把目光集中在分数上。我们在作热线咨询的时候发现，许多父母常常为孩子考不好着急，却很少有父母为孩子没有好习惯着急。

王：其实，一个良好的习惯可以使人终生受益。无论是家庭教育还是学校教育，都应该重视学习习惯的培养。光把目光盯在成绩上，是近视的；学习成绩是一时的，这次考得好，下次未必考得好，而学习习惯是终生的，它对人的影响是广泛的、深远的。一些父母在孩子学习不好的时候，没有从学习习惯上找原因，而是从表面上、客观上找原因。父母光苦恼是没有用的，应该从习惯上找找原因，这是孩子重要的心理素质之一。

二、习惯的形成过程也是能力的提高过程

孙：我记得您以前曾做过对北京市一些学生学习习惯的调查，得出过什么结论？

王：是的，我曾经对 1560 名学生进行过问卷调查，主要考察不良学

习习惯对学习成绩的影响。调查结果表明，仅有 27.2% 的学生认为不良学习习惯对他们的学习成绩没有影响；其余 72.8% 的学生认为不良学习习惯对学习成绩有影响。在这部分人中，认为习惯对学习成绩有轻度影响的占 32.7%；认为有中等程度影响的占 20.1%；认为有较重影响的占 13.2%；认为有严重影响的学生占 7.5%。从这个调查中可以看出不良学习习惯对学习成绩有很大影响。

孙：这是些非常重要的数据。但现在有些父母走进了误区，总觉得习惯没什么了不起的，都是小事，成绩才是大事。升学凭的是成绩，而不是习惯。

王：习惯所起的作用绝对大于一时一地所取得的考试成绩，而且习惯和学习成绩是联系在一起的。当学生有了良好的学习习惯、生活习惯，必定促进学习成绩的提高，二者是密不可分的，是磨刀与不误砍柴工的关系。许多人的经历都证明，一个没有良好学习习惯的人，成绩是不可能好的。

孙：在研究中我们常常发现有的孩子看起来很聪明，父母在描述他们的时候也都认为自己的孩子是很机灵的，但就是学习成绩提不上去。您认为这些孩子的问题是否与学习习惯有关?

王：我曾经观察过这样的孩子，他们虽然聪明，但往往习惯很差，一边写作业一边玩橡皮、铅笔，一边看书一边看电视，或者一边学习一边吃喝，这些小动作已经成了他们的不良习惯，这自然会降低他们的学习效率，影响学习成绩。所以，有的孩子看起来学习时间很长，但没有效率。聪明孩子特别容易出这样的问题。有的父母觉得自己的孩子挺聪明的，脑筋够用，当孩子边学边玩的时候，父母也不太管教，结果成了习惯，到后来想改的时候已经很困难了。

孙：我知道您曾经作过著名的状元访谈，您能否谈谈状元们的学习习惯，我想这可以给父母们一些启发。

王：我连续 3 年访谈高考状元，1999 年访谈了 61 名，2000 年访谈了 74 名，2001 年访谈了 65 名，到现在为止共 200 名，我还访谈了他们的父母。通过访谈，我也获得许多启发。我发现，其实这些状元都没有什么特殊的秘诀，就是爱学习，可以说每个状元都有良好的学习习惯。这些习惯已经成为他们素质的一部分，如果不让他们学，他们都会觉得难受。因此，我在总结高考状元的父母培养孩子的 6 个秘诀时，其中重要的一条就是培养孩子良好的学习习惯。

三、习惯强化到一定程度就变成了人格

孙：根据您的访谈，您发现状元们都有哪些好的学习习惯呢？

王：爱读书是每个状元都具备的好习惯。2000 年河北省高考状元赵冰哲的妈妈在接受访谈的时候说，他们的家住在狼牙山附近的一个村庄里，很贫穷，家里买不起书，他妈妈就到处找书给孩子看，讲给他听，渐渐地孩子就特别爱读书，有时蹲在厕所里也看书，看着看着就着迷了，都不知道出来。这就是养成了习惯，迷上书了。孩子有了这样的习惯，父母还用对他的学习发愁吗？所以，他妈妈说，孩子上小学以后根本不用管，他自己就特别爱学。

孙：除了爱读书的好习惯，您还发现了哪些好习惯？

王：2000 年高考理科状元张恒的父母在接受访谈的时候说，他们很注意培养孩子爱写作的好习惯。张恒还在幼儿园的时候，他父母就开始教他写日记。当时孩子还不会写字，他们就告诉孩子把每天觉得有意思的事情说出来，他们帮助孩子记录，一句两句都可以。逐渐地，孩子开始爱写作了，而且越写越多。北京市 1999 年高考状元杨颂的母亲也说过，他们从小学一年级开始就让杨颂练习写日记。这样，也间接地培养了孩子克服困

难、不依赖别人的习惯。

孙：这是对孩子韧性的培养吧？在学习中，韧性也是很重要的。

王：是的，坚持是个良好的习惯，一个好的习惯形成以后，它带来的效应是多方面的。像我刚刚说的张恒，他的父母也很注意培养他的韧性。在他小学的时候，父母就给他买了《上下五千年》《十万个为什么》等书，让他去读，不会的就自己查字典。在他小学阶段，就已经读中国古典名著。这样，习惯带来的是阅读能力的提高。因此，我认为习惯的培养过程也是提高能力的过程。

孙：这和素质教育的目标是一致的。

王：的确是这样。孩子有了读书习惯，慢慢地阅读能力会有提高；爱写日记，写作能力就会提高；坚持去做，慢慢地会形成良好的品格。所以，父母不要把习惯培养孤立开来看，它和人的素质提高是密切相关的。习惯、素质、成绩都有紧密联系。另外，独立思考是学习习惯中非常重要的一方面。2000 年四川省的高考状元刘洋洋的父亲介绍说，他很注意培养孩子独立思考、独立解决问题的习惯。当孩子问他问题的时候，他总是让孩子先自己想。

孙：这样做的好处不仅可以培养孩子的独立性，还可以使孩子具有创新人格，因为他首先要敢于发表自己的观点。

王：是的。我们现在提倡创新，这不是一个抽象的概念，它是很具体的，包括创新人格、创新意识、创新能力 3 个方面。我感觉当前人们强调创新意识和创新能力比较多，有些忽视创新人格。实际上，它们是一个整体。我认为在家庭教育和学校教育中，应该侧重创新人格的培养。孩子有了创新人格，自然会有创新意识和创新能力。

孙：您认为创新人格包括哪些方面？

王：好奇心、求知欲望、打破砂锅问到底、坚持真理、纠正错误……这些都是创新人格的组成部分。一些高考状元都对新知识具有非常强烈的好奇心。习惯强化到一定程度就变成了人格。

四、模仿・暗示・感染

孙：您所提到的学习习惯是否还可以更具体一些？

王：我想首先学习要有计划性。很多孩子感觉整天忙忙碌碌，这样未必学习效果好。人越忙碌，心里越烦，因为过分忙碌破坏了人的心理节奏感。通过考察学习状元们的学习情况，我发现他们大多数都特别有计划，学习节奏感很明显，心里很平和。1999 年湖南理科高考状元许芩珂，学习就很有计划性，尽管他承担了很多社会工作，但一直成绩很好。他特别爱看足球比赛，但如果计划没有完成，多重大的足球比赛也不看，一定要求自己按计划走。进入清华大学理科实验班以后，他仍然承担很多社会工作，但他还能保持班里的第一名，这很不容易。他跟我讲，他的秘诀就是有计划。

孙：有的孩子就完全凭情绪做事，情绪好的时候学到夜里 12 点，情绪不好的时候就什么都干不了。

王：这也和作息时间有关系。成绩好的孩子在安排作息时间方面也特别有规律。这在心理学上是个动力定性的问题。2000 年江西文科状元周芬芬的父亲说，他特别注意培养孩子具有良好的作息习惯，不管学习任务多重，晚上 11 点必须上床睡觉，早晨 6 点半必须起床，雷打不动。

孙：有的孩子对父母有依赖性，作业写完以后要父母给检查。在咨询的时候我们也发现有太多的父母给孩子检查作业，甚至还帮孩子改正过来。这是不是学习上的大忌？

王：这实际上是过度保护的表现。2000 年西藏高考状元陈真的母亲说，她从来不先给孩子检查作业，而是让孩子自己检查。等陈真检查完了，妈妈再检查，查出有错误的地方也不告诉她哪里错了，只告诉她有错，让她再查，直到自己发现为止。

孙：您对高考状元的父母们进行访谈时，是否发现他们在培养这些好习惯方面有一些高招?

王：可以说每个状元的好习惯都是从小培养起来的，这是方法之一。另外就是父母的榜样作用，这些都不多说了，因为这是习惯培养的必备条件。我想说的是父母要利用模仿、暗示、感染的心理机制来培养孩子的好习惯。从习惯形成的外部因素来看，这3点起到相当大的作用。

孙：请您详细讲讲它们的作用。

王：模仿分有意模仿和无意模仿，特别是无意模仿对孩子影响更大。比如，有的父母说话很文雅，孩子说话的声音自然就会很轻柔，这些都是无意模仿的结果。暗示也是很重要的一种方法，父母可以多给孩子讲点习惯培养方面的故事，孩子听了以后就会形成一种暗示。感染主要指情绪上的感染，如果父母情绪很好，孩子也会情绪饱满地对待学习；如果父母愁眉苦脸，无精打采，孩子对待学习也会比较消极。我在访谈1999年河南高考理科状元赵琰时，发现她待人和气，经常没有开口说话就先笑起来，笑得很自然。后来我访谈她爸爸的时候发现原来她爸爸也是这样。在这样的环境下，孩子模仿加感染，自然形成了待人接物的好习惯。因此，家庭良好的生活气氛、学习气氛对孩子学习习惯的培养起到的作用也是潜移默化的。

孙：看来，分数和习惯的关系太密切了，而且习惯比分数更重要，它对一个人的人格也有很大影响。感谢您接受我的采访，谢谢!

（原载《少年儿童研究》2002年第1期）

问题 3：青少年暴力

当心青少年暴力倾向

鲍云帆

浙江省金华市某校高二学生徐力用暴力手段杀害了自己的亲生母亲；两名十几岁的中学生绑架自己同学后进行勒索并用暴力手段进行威胁；在美国，校园血案也接二连三发生，最小的凶手年仅 6 岁……这些暴力事件通过媒体曝光后，青少年暴力倾向日渐严重的问题引起社会关注。

一些家长反映，现在青少年的暴力心理表现在生活中的点点滴滴，比如对某人稍有不满就出言要整死对方。北师大二附中的何杰老师也告诉记者，确实有不少中学生存在暴力倾向，这种情况在普通学校中要更多一些。一方面这些孩子不仅喜欢出手，而且下手都比较狠、比较重；另一方面，即使不动手，很多孩子以恶治恶的心理也特别强。比如某个班有个不太招人喜欢的学生被另一个同学打了，老师在批评了这名打人学生后搞了个调查，结果发现有 1/3 的孩子支持打这名不太合群的学生。何老师指出，现在中小学生的暴力倾向反映了他们不良的心理状态，表现为自我意识太强，办事不计后果、不负责任，承受能力差，而且缺乏恻隐之心。

谈及造成这种现状的原因，何老师认为社会转型期的浮躁对青少年心理必然产生影响；家长往往满足孩子的所有欲望，孩子得不到就闹，最后总是家长作出让步。

此外，家长在培养上经常灌输给孩子不能吃亏的思想，这些都导致青少年产生自私、不负责任的心理。当然，家长希望孩子成才的愿望也给孩子造成很大心理压力，而这种压力也是社会造成的。中国科学院心理研究所王极盛教授还提出，媒体上不加限制的内容也是导致孩子出现暴力倾向的一个重要原因，目前中国媒体上还没有青少年禁看内容的规定。

王教授说，青少年暴力犯罪有规律可循，一般 13 岁至 15 岁为初次犯罪的高峰期，15 岁至 18 岁为犯罪高峰年龄。其犯罪心理也呈现一些先兆，一是心理倾向性变化，表现在追求物质享受，喜欢低级趣味。暴力、色情文化的泛滥往往成为诱发因素。二是个性品质变化，表现在对老师家长不礼貌、对待同学粗鲁、出言不逊、言行不一、说谎、厌学等。三是行为变化，表现在无故旷课、经常迟到、涂改作业、作弊、彻夜不归等。当然有这些先兆不一定就必然犯罪，但犯罪前往往出现这些先兆。

从青少年犯罪特点上看，往往表现为以下特点：一是认知低下，是非观念糊涂，对道德法律无知。像浙江的一个少年犯杀完同学后还对民警说：“放我回家吧，让我爸给他们家送几斤糖就成了。”一些青少年还把打群架、捅刀子看作勇敢的事。二是情感特征上表现为情绪不稳定，喜怒无常，生气时凶狠残忍，犯罪呈现偶发性和凶狠性。三是动机上较低级和原始。四是从性格特点上看，往往表现为粗鲁、野蛮、懒惰、自私、虚伪、冒险等性格特点。

针对这种现状，王教授指出，学校、家庭应加强对青少年的心理预防教育，在进行心理健康教育时要改变从书本出发、从概念到概念的现实，要从学生实际出发，针对学生实际问题开展教育，特别应教会学生一些自我调整的实际办法。另外就是要改变目前重智轻德的教育局面，改变只要学生考得好其他都可以忽视的认识，改变学校德育假、大、空的现状，家长也应学些心理学知识，转变家教方式。王教授还建议学校应切实建立起心理咨询室，配专职的心理健康教师，这些教师还应持证上岗，让学生的心理问题得到合理的释放。

（原载《北京青年报》2000 年 3 月 4 日）

问题 4：挫折教育

挫折教育如何进行：不经历风雨，怎么见彩虹

余 源

“不经历风雨，怎么见彩虹，没有人能随随便便成功。”这是歌曲《真心英雄》的歌词，同时也是人生的写照。

现代社会是一个充满挑战的社会，在这样的社会中，不遭受挫折是不可能的。如果孩子没有遭受挫折的洗礼，没有正确对待挫折的思想，就像是温室里的“花朵”，是很难适应社会的。因此，有必要给孩子灌输遭受挫折的思想，让他有充分的心理准备，不至于遭到挫折便束手无策。

一、挫折教育三大误区

不少家长对于挫折教育依然存在着认识误区。心理学家、中科院博士生导师王极盛向记者分析了目前存在的三大误区。

误区一：挫折教育是某些人或者某些阶段必须经历的。挫折教育并非指某一个阶段，而是一生。人的一生其实就是克服挫折战胜困难的一生。生活之中，挫折无处不在。

误区二：挫折教育就是吃苦。生活苦不苦，其实是一个十分主观性的命题，这主要取决于是否是当事人的选择。如果是他的选择，或许就不苦。如果不是，别人看着再美好，当事人或许也会觉得很苦。比如，那些网瘾少年，能够好几天不洗澡、不睡觉。在大多数人看来这很苦，但是他们却觉得很高兴。

误区三：挫折教育多向孩子说教就行。王极盛认为，家庭教育的核心

是暗示、模仿、感染，父母的一言一行、一举一动都会传递给孩子。家长不能只是进行说教式的挫折教育，要从自己做起，面对挫折，自己首先得具有强大的抗挫能力，这比说一百句都管用。遇到挫折，家长只知道发牢骚，怨天尤人，那孩子多半也是这样。

二、挫折教育与家庭教育息息相关

王极盛认为，挫折教育与家庭教育分不开，孩子的品质、意志、视野都会受到家长的影响，家庭教育对孩子培养积极的抗挫能力作用很大。家长遇到困难，不能先打退堂鼓，要有战胜挫折的强大信心和决心。

当孩子遇到挫折时，家长要作出恰当的反应。要保持和孩子良好的沟通，因为只有在良好的沟通基础上，孩子才可能主动把他们遇到的问题讲给家长。当家长获知了关于孩子的令人瞠目的事情发生时，家长一定要冷静，控制住自己的情绪，不要图自己的一时之快，把火气发在孩子身上，要克制住自己，要坚决地和孩子站在一起，帮助他跳出阴影，走向光明。

王极盛认为，生活中挫折无处不在，没有必要刻意为孩子创造挫折。父母首先需要了解孩子自身的能力特点，关注他在日常生活中遇到挫折时的态度和应对的方式，在这个过程中加以引导即可。不要给孩子设置无端的挫折，尤其不要随便否定孩子个人，而应在解决方法上多下功夫。当孩子遇到挫折时，家长要多从方法上给孩子以点到为止的启发和指导，尽可能让孩子自己来解决问题，克服困难，这样才能让孩子体验到成功感及父母的关怀。生活中，经常会遇到大大小小的“挫折”，这时，家长不要嫌孩子拖拉而包办下来，要给孩子足够的时间去思考和探索，解决问题后，引导孩子去总结自己的成功之处在哪里，下一次再面对挑战或挫折时，孩子就会主动积极地去面对。

王极盛告诉记者，根据他多年研究发现，在中国，家庭教育方式主要分为 4 种类型。第一种是过分保护式，在所有家长中占 30%。这类家长包办孩子的一切。第二种是过分监督式，占 30%。这类家长过分干涉孩子的生活，画地为牢，不许孩子干这干那。第三种是严厉惩罚式，占 10%。这类家长对孩子经常打骂，这样教育的结果是，孩子要么胆小如鼠，唯唯诺诺，要么就是具有暴力倾向。第四种是温暖、理解、民主的家庭教养方式，占 30%。

鲁迅曾说：真的猛士，敢于直面惨淡的人生。让孩子逐渐独立，不要将孩子总养在温室中，扼杀他们学习面对挫折的机会。学校和家庭要教育学生在任何情况下都要有敢于面对现实的勇气，在逆境中也能够顺利走出来，满怀激情地拥抱生活。老师和家长要多给学生讲解那些身处逆境仍然自强不息、奋力拼搏的人生经历。只有这样，才能够培养学生百折不挠的探究精神，从而提高其适应社会的能力。

（原载《北京晚报》2014 年 3 月 19 日）

问题 5：早期教育

机不可失
——有关早期教育的几个问题

王极盛

对儿童进行早期教育，已受到世界各国的普遍重视。但是，有人还有一些疑问，诸如：是不是所有的孩子都具备接受早期教育的条件？早期教育是否可有可无？是不是所有的父母都能成为对孩子进行早期教育的第一个教师？为此，本文将对上述的几个问题，谈一点意见。

一、一般儿童都具备接受早期教育的身心条件

近年来，我国发现一批智力超常的儿童。这使一些人认为早期教育是适用于智力超常儿童的，而与一般儿童无缘。其实，早期教育不仅适用于智力超常儿童，而且也适用于一般儿童。即使智力落后的儿童，对其进行适当的早期教育，也能收到一定的效果。这是因为，一般儿童都具备接受早期教育的生理条件与心理条件。

心理是脑的机能，是客观现实的反映。智力的发展与脑的结构、机能的变化是密切相关的。

新生儿的脑重约为 390 克，成人的脑重约为 1400 克，新生儿的脑重相当于成年人脑重的 2/7。到了 9 个月的时候，脑重已增加到了 660 克，比新生儿时的脑重增加近 2/3，相当于成年人脑重的 1/2。儿童到了 2.5 ~ 3 岁的时候，脑重已增加到了 900 ~ 1011 克，相当于成人脑重的 2/3。儿童到了 7 岁的时候，脑重达 1280 克，相当于成人脑重的 90%。乳儿期与婴

儿期是儿童脑重量增加最快的时期。儿童出生时，保证皮质细胞形成联系的神经细胞的树状突，数量少而短，到了两岁的时候数量和长度在不断增加，保证神经兴奋迅速传导的神经纤维髓鞘在学前末期也逐步完成，它标志脑内部结构成熟。这就是说，一般儿童在婴幼期都具备接受早期教育的生理基础。

国外有心理学家根据对近千名孩童从出生到成人的追踪研究提出，假定一个人 17 岁的智力发展水平为 100%，那么从出生到 4 岁就已经获得了 50%，4 岁至 8 岁又增加了 30%，其余的 20% 是在 8 岁到 17 岁时获得的。因此认为儿童在 5 岁之前是智力发展最迅速、最重要的时期。婴幼儿期是儿童智力发展的关键期。也就是说，一般婴幼儿都具备智力发展关键期这个心理条件。

由此可见，一般情况下，每个儿童都具备接受早期教育的生理条件与心理条件。早期教育是符合儿童的身心发展规律的。

二、早期教育机不可失

现代心理学研究表明，儿童在生命的最初几年中，如果被剥夺了智力发展的机会，他就永远无法达到他应该达到的智力水平。他的个性、心理、品质也得不到正常的发展。

“印度狼孩”卡玛拉就很能说明这个问题。卡玛拉被救回到人类社会时，七八岁，从动作姿态、情绪反应、生活方式等都表现出狼的习性。她用四肢行走，不会说话。她惧怕人，白天躲藏起来，夜间潜行。每天午夜到凌晨 3 点钟，像狼似的引颈长嚎。据研究，卡玛拉当时虽然已七八岁，但她的智力却相当于 6 个月的乳儿水平。人们花了很大气力都不能使她适应人类的社会生活方式。卡玛拉 4 年只学会了 6 个词，听懂几句简单的话，她在 7 年后才学会 45 个词，能勉强地学说几句话。卡玛拉死时已经十六七岁，但她的智力仅相当于三四岁的孩子。

卡玛拉出生后，生活在狼群中，离开了人类生活的社会环境，错过了智力发展的关键期，人类特有的习惯和智力得不到发展。

像狼孩的事例毕竟是罕见的。但是，即使在婴幼儿期缺少抚育与学习的机会，也将使儿童的智力发展受到压抑，个性、心理、品质得不到正常的发展。有的学者研究发现，在孤儿院单调环境中成长的婴儿，同生活在一般家庭环境的婴儿相比较，其智力发展水平低下，并且情绪也异常。后来把这些婴儿分成两组，第一组迁居到丰富多彩的环境中，并且有成人的很好照顾；第二组仍处在单调环境中。经过一年后，两组儿童的智力发展水平有着明显的差别，第一组儿童的智力远远高于第二组的智力。这说明环境与教育对儿童身心发展有着重要的影响。

例如，在第二次世界大战时期逃进深山的日本人横井庄一，当时他已成年，独自生活在自然环境中达 28 年之久。1972 年回到人类社会后，仅经过 83 天就恢复与适应人类的生活了，并在当年结了婚。这说明，幼年时期的教育与社会生活环境的影响，在人的一生中长期地起作用。

三、父母是早期教育的第一个教师

既然每个儿童都具有早期教育的身心条件，早期教育对儿童身心的发展又非常重要，那么作为早期教育第一任教师——孩子的父母或家长，应该具备什么条件呢？我认为主要应具备以下 3 个条件：第一，对早期教育有足够的认识，在思想上重视。第二，懂得一些对儿童进行早期教育有关的生理学、心理学与教育学的基本知识，教育比较得法。人们常有一种偏见，认为种田、织布、栽花、养金鱼都需要学习，需要相互交流经验，唯独对孩子的教育，既不用学，也不用交流经验。第三，在力所能及的范围内，多接触孩子，多与孩子说话，帮助他丰富词汇，提高表达能力和理解能力。

我国现今社会的一般青年父母，只要经过努力，都能具备对孩子进行早期教育的条件。

有些年轻父母强调没时间对孩子进行早期教育，可是有些年轻母亲把业余时间过多地用在自己的衣着打扮上，有些年轻父亲把业余时间过多地用在做家务、打扑克上等。对孩子进行早期教育的时间不是可以从这些地方挤出来吗？对孩子进行早期教育不需要“长篇大论”，而要点点滴滴，细水长流，时时、处处、事事都可以做的。譬如，当你带孩子看电影、逛公园、去商店，孩子会提出很多问题，你就可以及时进行教育。每天你送孩子到幼儿园或接孩子回家的路上，就可以给孩子讲一个神话、童话或民间故事。总之，进行早期教育的机会是非常多的，只要你注意抓紧就是了。

有些年轻父母强调经济条件、文化科学知识不如人家，无法对孩子进行早期教育。经济条件好，文化科学知识丰富、水平高，当然是好的条件，有利于进行教育。但是，经济条件差一些，文化水平低一些的家庭，同样可以对孩子进行早期教育。因为对孩子的教育，绝不仅仅是识字、数数、念外语、弹钢琴、拉提琴，而是通过让儿童掌握适当的知识，去促进孩子的智力发展，培养孩子的观察力、记忆能力、语言能力、思维能力、想象能力和操作能力等。这些是任何家庭都可以去做的，只不过因条件不同而采用不同的方式方法罢了。

另外，对孩子的早期教育，正如前面所说，绝不仅仅限于智育，而应是德、智、体诸方面的教育。这是每个家庭都应注意的，也是每个家庭都可以做到的。比如，吃东西时，教育孩子尊敬长辈，懂得礼让；与小朋友玩时，教育他与人和睦相处，有玩具大家一块玩；教育他热爱劳动，做力所能及的事情；爱护自己的用品，不丢失，不损坏，等等。通过这些教育，可以培养孩子初步的良好的道德品质，形成良好的心理个性品质。

（原载《父母必读》1981 年第 5 期）

问题 6：单亲家庭教育

单亲家庭如何避免孩子的性格缺陷

纪　莉

纪莉（以下简称纪）：单亲家庭的孩子在性格上容易形成哪些缺陷？

王极盛（以下简称王）：单亲家庭孩子的性格缺陷一般表现为两种倾向，一种是自卑、嫉妒心强，另一种是“破罐子破摔”的心理，这样的孩子性格往往暴躁，有的甚至表现得很残忍。

还有些孩子性格具有双重人格，在家一挨训就唯唯诺诺，在外遇到弱小者就把在家受到的教育方式使用到别人身上，表现得暴躁凶狠。

纪：单亲父亲家庭和单亲母亲家庭对孩子性格影响有什么不同吗？

王：单亲父亲和单亲母亲对子女的教育方式不一样，对子女性格形成产生的影响就会不一样。单亲父亲的教育方式以严厉惩罚型居多，所以单亲父亲家庭成长的孩子容易形成暴躁性格，易酿成暴力事件。单亲母亲家庭成长的孩子由于母亲常常过分保护，过分干涉，过分溺爱，造成孩子性格自卑、任性、适应力差。这种性格有时也会产生暴力倾向，发生激情暴力，但人是很复杂的，我们也不能一概而论。

纪：作为离异双方中不和孩子生活在一起的一方，应该注意些什么呢？

王：首先，应该常常去探望孩子。不仅在生活上多关心孩子，更要注意和孩子在思想上、精神上的交流。离异家庭的父母亲常常有这么一种心理，觉得很久没和孩子见面了，一见面就带孩子去麦当劳、肯德基。其实孩子更需要的是贴心的交谈，孩子越大越是如此。其次，在看望孩子的过程中，最忌讳议论攻击另一方。因为这会使孩子从小就无法辨别是非，或偏听、记恨父母中的一方。而且在这种环境中潜移默化长大的孩子，会认为人世间没有真情。连父母都在钩心斗角，那人与人之间还有什么友爱可言！这样的孩子比较容易具有暴力倾向，而且在出现暴力事件时，出手往往比较凶狠残忍。

纪：学校教育对单亲家庭长大的孩子有什么影响？

王：对于单亲家庭长大的孩子，学校教育非常关键。学校里的老师和同学都应该加倍呵护和关爱他们，不要有任何歧视他们的言行。还要注意保护他们的自爱心和上进心。当然，关心也要适度。单亲家庭的孩子非常敏感，过分的呵护和过分的冷淡都不提倡。

纪：单亲家庭的孩子自身可以做些什么？

王：一定要自强自信自立，打掉自卑心理。要看到人的心理功能和心理水平是差不多的，当然这种思想不会在孩子心中自发产生，还需要学校和社会的输入。不过，孩子可以学习一些方法进行自我心理调整。比如，经常在心里默念“心平气和”这样的话，或在笔记本上写上“制怒”等词，给自己形成一种自我语言暗示。在动作方面也有一些方法，如可以试试心情烦躁时把口张开，舌头卷起，顺时针转 10 圈，再逆时针转 10 圈，这对缓解紧张情绪非常有效。 其实人出现心理健康问题就像一生中难免会有头疼脑热一样，要认识到这是很正常的。不过大部分的心理健康问题是轻度的，可以靠自我调整解决。如果觉得自我解决不了，找学校的心理老师看看。确实严重的，应该到正规大医院的心理咨询室寻求解决。

（原载《中国青年报》1999 年 6 月 11 日）

问题 7：隔代教育

隔代之间，隔着什么

李径宇

隔代教育成了许多人教育孩子失败的借口，也成了对问题少年诟病的理由。

当赵增青埋怨母亲溺爱自己孩子诸般不是时，母亲愤愤地说：“连你也是我带大的，也没见有多坏。”赵增青一时语塞。

此时，中国的千门万户，正在上演类似的情景剧。做儿女的一边埋怨父母不帮着照看自己的孩子，一边又嫌他们把孩子惯坏了。弄得这些爷爷奶奶辈的老人不知所措。

事实上，大约在 5 年前，社会上已经开始流传这样的论调：隔代教育，是误人子弟的一种教育方式。意思很清楚，被爷爷奶奶带着，孩子成为问题少年的概率要增大很多。

此论调到现在几乎成了社会定论。而几千年来中国传统的家庭教育模式受到了空前的质疑。

一、隔代教育的现实处境

赵增青是北京汾水文化传播公司的职员，工作的性质决定了他每天东奔西跑，爱人在一家网站工作，也没日没夜。他们的忙碌并没有因孩子的诞生而稍减。刚开始，孩子由保姆带，被摔了一跤后，他的母亲就心疼地非要自己带。这样，从两岁起，孩子跟奶奶一块过，夫妻俩通常只在周末接孩子回家小住。

渐渐地，他们发现，孩子变了。对他们越来越生分，而在奶奶面前却活蹦乱跳。夫妻俩总结的教训是，对孩子管得太严了。相反，做奶奶的无比宽容，一切顺着孩子。

等到孩子上小学四年级时，与赵增青两口子的隔膜越来越深，有事没事总想往奶奶家跑。孩子身上也逐渐暴露出一些问题，比如撒谎成性，花钱大手大脚等。夫妻俩调教再三都无济于事。最后，妻子忍无可忍，开始限制孩子去见奶奶，理由是，孩子都让奶奶惯坏了。

于是，这个家庭保持了很多年的良好婆媳关系出现了矛盾。

当赵增青羞于和别人探讨这些家庭琐事的时候，他身边的很多人正在经受着同样的煎熬。由隔代教育所产生的家庭争议，成为当下中国城市家庭中最主要的矛盾之一。

不久前的“六一”儿童节期间，一项关于“隔代教育”的全国范围调查结果显示：中国近一半孩子是跟着爷爷奶奶、外公外婆长大的。

在上海，目前 0～6 岁的孩子中有 50%～60% 属于隔代教育，广州接受隔代教育的孩子占到总数的一半，而在北京，接受隔代教育的孩子多达 70%。调查显示，孩子的年龄越小，与祖父母在一起生活的比例就越高。

这项调查再次提醒人们，隔代教育在中国是普遍现象。这种教育模式的成败某种程度上关系着未来中国的人口质量。

另一项资料显示，中国 60% 以上的失足少年与祖父母（外祖父母）隔代教育育孙不当有关。有些犯罪少年就是在祖父母（外祖父母）“护”着的情况下，一步步走向违法犯罪的深渊的。近几年来媒体不断将问题少年的出事原因和隔代教育联系起来，提到这种孩子，有意无意间都要问一句：他是不是老人带大的？

不久前，在研究青少年网络成瘾综合征时，重庆师范大学心理学专家刘东刚副教授提出，这种网络成瘾综合征在隔代教育或有家庭暴力的家庭中呈高发状态。当隔代教育和家庭暴力相提并论时，这个问题就相当严重了。

二、隔代教育的四种类型

眼下所批判的隔代教育，出现在中国特定的社会背景下：一是大批老年人退休回家，中国进入老龄化社会；二是计划生育使得城市家庭普遍进入独生子女时代。

中国科学院心理学研究所博士生导师王极盛告诉中国《新闻周刊》，根本上说，对隔代教育出现批判的声音，是由于当下人们对子女的要求比以往任何时代都要高很多。

以前，比如 20 世纪五六十年代，大多数父母觉得孩子小学毕业就可以了。现在，家家户户都嚷着让孩子上大学，而且上大学还不够，还得考研。

王极盛认为，在城市化进程加快的今天，在独生子女时代，人们对子女要求高是可以理解的。但他同时认为，做家长的，特别是隔代家长们的素质远远落后于时代发展和孩子成长的要求。

王极盛在数万人中间作的一项调查表明，95% 以上的家长没有学习过如何教育子女这门学问，其中，隔代家长的这个比例接近 100%。

“中国的家长们从来没有将教育子女当作一门科学，认为是无师自通的。一切全凭直觉和经验。”王极盛说。爷爷奶奶辈的人经常称，自己年轻时养活了五六个孩子，而且都健康成人，现在，你们连一个也养活不了，还要我们帮忙。我们帮忙也就罢了，还嫌我们带得不好。

一方面，在观念上，隔代家长认为带孩子自己很有经验。另一方面的问题则是，他们的教育方法多半有问题。

王极盛将隔代教育归结为 4 种类型：

第一，过分保护型。孩子本来能自己做的，隔代家长呵护备至，代为其劳。孩子本来在正常环境下能锻炼自己的能力，结果让隔代家长们取消了。

第二，过分监督型。什么事情都要督促孩子，经常检查孩子的行为。如此，造成了孩子的依赖性和惰性，以及对成人的不信任感。

第三，严厉惩罚型。这种教育方法因循了中国传统的教育理念，对孩子的批评多于鼓励，责罚多于奖励，使孩子产生了严重的自卑、自闭或叛逆心理。

第四，民主、温暖、理解型。王极盛对此比较赞同。他发现，隔代家长中也有人在采用这种方法，只是数量很少。

隔代之间，隔着两代人不同的生活观念，隔着不同的教育方法。从这个意义上讲，父母给子女的直接教育虽然大多差强人意，但整体上是优于隔代教育的。

三、隔代之墙，需要推倒吗

中国是世界上为数不多的普遍存在“隔代教育”的国家。在国外，孩子很小就进了幼儿园、托儿所，18 岁独立成人，所以基本上没有隔代教育。

但中国爷爷奶奶的爱真有那么可怕吗？理智的人们不禁要问。

王极盛说，无论如何，隔代教育在中国是不可避免的。一方面，这是中国传统的家庭模式；另一方面，社会现实也使得隔代教育必不可少。当城市和农村的中青年人都在为赚尽可能多的钱疲于奔命时，当多数情况下，保姆不职业化，不堪看护重任时，孩子基本上就归爷爷奶奶了。

此外，目前中国老年人已达到 1.34 亿，再过 20 年还将增加到 2.4 亿到 2.6 亿人。人老了，认识的人就越来越少。如果老伴活着，还可相依为伴，但如果一方过世，老人的寄托就只在孩子们身上了。眼看着子女们为生活四处奔忙，无暇顾及，于是，身边只有孙子。倘若有一天，子女们又开始限制孙子和他们来往的话，老人会怎么样呢？

这种可能性并不是不存在。近年来，人们纷言隔代教育存在严重弊端，所以，许多人开始有意地阻止孩子和老人过多接触。尽管必须为此支付一笔不小的保姆费用，但他们更愿意让孩子待在自己的羽翼下。

中国传统的“隔代亲”现象将越来越多地面临挑战，而传统的家庭关系也可能为之改变。

有社会学家认为，中国未来 20 年内的小康建设，必须抓好两项工作，一是要解决老年人的社会保障问题，二是要帮助老年人搞好推卸不掉的教育隔代子女的艰巨工作。

王极盛也认为，现在还不到讨论要不要隔代教育的问题，而是要想办法搞好隔代教育。此前，1999 年中国刚刚进入老年社会时，老少共融的问题曾被提到议事日程上来。当时，有学者提出，希望每一个父母，每一个隔代家长都能够掌握让自己的晚辈健康成长的知识。但 5 年过去了，社会还没有研究出系统的操作性强的隔代教育办法。相比之下，批判隔代教育的声音却一刻也没有消停。

在这样的吵闹声中，新一代孩子们诞生并且又成长起来。没人告诉他们，隔代教育给他们带来的是什么。

隔代教育有其优点，也有其缺点，关键是老人要知道在隔代教育中给自己定位，既不能越位，也不做摆设的花瓶；不要夺孩子的父母之爱，要做亲子之爱的润滑剂；喜欢孩子，但不溺爱；用知识和经验浇灌孩子时，别用旧习惯坏德行影响孩子。只有这样，祖辈在隔代教育中才能发挥积极作用。

（原载《新闻周刊》2014 年 9 月 11 日）

问题8：形形色色的社会心态认知

“混得不好”怕回家？恐归族，爸妈喊你回家过年

张玉岩

羊年春节已进入倒计时，很多远在他乡的游子已开始打点行囊，对归家翘首企盼。可是，城市里也有这样一群人，他们既盼着春节又害怕回家，既希望团聚又充满顾虑。在归与不归之间犹豫，恐的不是回家，而是过年回家要准备的各种“面子”“里子”，还有家长式刨根问底的盘问。

一、“面子”不能少，车房媳妇都得有

李先生今年30多岁了，在一家事业单位的下属单位上班，至今还没有结婚。李先生家在农村，家里同龄的兄弟姐妹，大都在老家的县城工作，早都成家立业了。每次过年回家，都是开着车，一家三口。去年，父亲就埋怨李先生不买辆车。

“家里其他长辈出门，都是坐儿女的私家车。我父亲出门还要骑着电动三轮车，后面车斗子里拉着我跟弟弟和礼物，这让我爸觉得特别没面子。”李先生说，“光在家里说说也就算了，每次出门都要在亲戚面前说一说，弄得我很尴尬。”

与李先生有同样烦恼的不在少数。去年，市民小于就没有回家过年，今年小于同样不打算回家过年。用小于的话说，就是“给不了家人想要的，不回家也是没有办法的办法”。

小于认为大多数人都是感觉混得“不好”才怕回家，而社会上的攀比

风又盛，父母在家也要面子。回家过年，父母会说“你看谁家的孩子在外挣多少钱”“谁家的孩子领媳妇回家了”。小于觉得，自己的压力主要来自父母，而父母的压力则来自社会。

小史是省城一名钢铁工人，月薪 4000 多元，在外人看来，这个收入已经算是不错了，但是小史心里还是不想回家过年。小史说：“奔三的人了，还没有找到对象，虽然赚得不少，但花得也不少，一年下来，没攒几个钱。”除了担心被家人催婚，“同辈人混得都比我好”，也是小史不想回家的一个原因。而“混得好”的标准，就是有车有房有老婆。

二、“面子”很重要，过年至少也要 9000 元

对于年轻人小刘来说，每年春节，都是考验钱包的时刻，不仅有来回交通费，同时还要承受沉重的人情债。

与往年不同，今年回家过年，小刘要准备双份的拜年礼。“今年回家还要拜访一下未来的丈母娘。”小刘大体算了一笔账，两瓶进口红酒花费了 1200 多元，4 条某品牌的香烟要 2000 多元，还有几斤茶叶花费 1000 多元，光是给自家长辈准备的拜年礼就有 4000 多元。再加上给家里买的坚果、零食等年货，给亲戚家孩子带的玩具，已经花出去的就将近 5000 元了。

小刘说，这 5000 元还没算各种人情钱。“家里小一辈的孩子就十几个，就算给每个孩子包个 200 元的红包，2000 多就没有了。”除了压岁钱，过年免不了会有亲戚之间的走动，出门总要带一些烟酒糖茶，这些礼物的花费还得另算。

另外，再加上与同学、朋友聚会的费用，来回的车费，给自己添些东西，这样算下来，小刘过个年至少也要 9000 元。

对于小刘来说，这笔过年的花费要透支年后的工资。小刘是济南某红

酒经销商的销售员，而今年红酒市场不景气，连累着他的钱包也不鼓了。“往年逢年过节奖金可以上万，但今年每个月的工资最多的时候也就五六千，连年终奖也没发。”

三、三口之家头疼催二胎

曹女士在济南一家事业单位上班，收入尚可，老公在国企上班。两口子经济基础还算可以，早就在济南买下一套房子。曹女士已经是一个 6 岁孩子的妈妈了。照理说，她经济稳定，孩子、老公、房子都有了，回家过年，应该其乐融融、和和美美了。可曹女士也有些恐归。“想起被长辈催生二胎，就头疼。”

“我是独生女，符合二胎政策。去年回家的时候，公婆就问啥时候生二胎。”曹女士说，“长辈见到我都要问上一句。相同的话要说上几遍，还要听着长辈苦口婆心地劝说，我跟老公也只能在旁边听着。”

曹女士说，一个儿子已经让她精疲力竭了，再来一个小的，实在是折腾不起。除了经济有压力，看孩子也是问题。“儿子小时候每个月奶粉钱就 600 元左右，稍微大一些还报了跆拳道班。一年下来就能花三四万元。”曹女士说，“儿子是我爸妈看大的，今年上一年级，他们刚刚能松一口气。再生一个，恐怕他们也没精力了，找保姆又是一笔开销。”

“养个孩子太花钱，养不起。”这是曹女士用来回答长辈催生的标准用语。催得急了，就一句“不想再生”。

一边是长辈的苦口婆心，另一边是小两口的不想再生，面对长辈家长式的盘问，曹女士毫无招架之力。今年夫妻俩商量着，把在老家的父母接过来过年，也省得面临长辈的“轮番轰炸”。

四、别让面子阻了回家过年的路

一些受访者在接受采访时，会对自身的职业收入产生焦虑。孤身一人在外打拼，如果一年之中没有什么收获，就感觉无法向家人交代，有时也会流露出一种无法融入城市的情绪。也有受访者认为,造成他们“恐归”的，主要是社会越来越重视对财富的追逐，越刮越烈的攀比风，让他们有家不能回。

中国科学院心理研究所教授王极盛表示，同龄群体因人生经历、生活环境的改变，在外地生活发展的这部分群体，与家乡朋友在生活状态上产生了很大差别，但因曾经有相同的成长经历，“攀比”避免不了。

经济收入和人情交往需要之间的矛盾也是“恐归”的一大原因。王极盛认为，过年回趟家，亲朋好友拜个年，每家孩子包个压岁钱，对于事业刚起步、收入也不多的年轻人来说，经济上承受不了。

面对“恐归”情绪，王极盛认为，应调整好心态，换个角度、换个思路考虑。在人情礼节上，可以根据自己的经济实力，量力而行。不要以价值的多少来衡量礼物的贵重，给人以幸福、温暖、快乐的礼物，就是好礼物。年轻人可以变换一些花样，能表达自己心意就好。面对“同辈压力”，从积极心理学来讲，可用乐观的心态考虑问题。目前没有获得，或者是没有发生的事情，总会有积极与消极两个方面，从积极的方面考虑，心里就会痛快很多，不要让面子阻断回家过年的路。

（原载《齐鲁晚报》2015 年 2 月 16 日）

“职场抑郁”成上班族心头之患

吴桂英

近几年来，在激烈的竞争压力下，患有抑郁性精神疾病的人越来越多。在这当中，职场人由于工作压力大和人际关系复杂更容易引起苦闷压抑的失调情绪，这是典型的“职场抑郁”表现。抑郁不同于抑郁症，持续的抑郁就会导致抑郁症。抑郁症是一种心理疾病，患抑郁症的人有自虐的念头，不容易恢复。据统计，我国有 2000 多万抑郁症患者，其中有 15% 的人有自残的危险。

专家日前在接受采访时分析了上班族患“职场抑郁”的原因：“当前社会生活节奏快，很多人不适应；职场竞争激烈，工作任务重，由此带来工作紧张；老板苛刻，难以沟通；发展空间小，没有前途等许多因素困扰着上班族。另外，职场上的复杂人际关系让上班族身心俱疲。”

张萍在北京一家经营美容保健产品的商务公司做电话营销，最近，她就感到极度郁闷。张萍已经连续 4 天没有销售业绩，而且多次遭到客户退货。她的月工资是 1500 元底薪加提成，没有业绩不仅奖金拿不到，工资也要打折扣。为提高业绩，公司实行分组，各组之间竞争激烈，一个人的业绩会影响到整个小组的业绩。“谁也不想拖小组后腿，让组里的其他人也拿不到奖金。我真想大哭一场，把心中的郁闷宣泄出来。”张萍说。

抑郁对上班族的危害不是张萍们一哭就能解决问题的。王极盛研究员说：“不能小看了抑郁的危害，经常性的抑郁会使人工作倦怠，也必然会影响工作效率；抑郁会造成人际关系的紧张，造成企业团队整合不良；抑郁会降低患者自身免疫力，现在的‘亚健康’人群比例大，在很大程度上与抑郁有关。”

身体是革命的本钱。有人这样比喻人生：健康是 1，其他的一切，如事业、财富、爱情、名誉都是跟在 1 后面的 0。0 的数目越多，数字也就越大，幸福的可能性也就随之增大。但是，如果没有前面的那个 1，后面即使跟着再多的 0 也还是等于 0。

怎样让自己拥有健康的心理状态，在职场上有一个好的工作姿态？王极盛研究员给上班族提出一些建议和方法，让大家远离抑郁，远离抑郁症。

第一，要有正确的认知评价。有人追求豪宅靓车，有人只求把本职工作做好。追求什么，向往什么，自己心里有个谱，不要盲目攀比。虽然高薪高职是很多人梦寐以求的事，但不是每个人都会得到的，得不到的人何不让自己过得简单自在些，不要死死抱着“高薪快乐”的想法不放。

第二，要学会调节自己的情绪。不高兴了，转移自己的注意力，散步、运动，或者把心里的苦闷跟家人朋友说出来。其实，很多人的抑郁是自己憋出来的。女性还可以时不时做做美容，打扮打扮，看到全新的漂亮的自己，心情也美了。良好的工作情绪是好业绩的催化剂，有了好情绪，工作效率也就会高。

第三，要善于解压。枯燥的工作给人一种压抑感，要合理安排工作时间，每天每周要完成多少件事，做到心中有数。不要让工作占据自己所有的时间，要学会享受生活，培养听音乐、阅读、垂钓等适合自己的兴趣爱好。生活环境的枯燥让生活无味，可以适当出去旅游，邀请朋友聚会；或者帮助别人，在帮助别人的同时，自己也会得到一种成就感、满足感和心理愉悦感。

（原载《工人日报》2006 年 10 月 22 日）

极端事件暗藏社会心理危机亟待立法疏导

任 雪 蒋新军

社会上一些极端事件的出现，无疑潜伏着巨大的、未知的、复杂的社会心理危机。这些极端事件虽是极少数，但在社会学上已不再是单纯的社会治安问题或孤立的犯罪现象，它在更深层的意义上折射出今天的社会情感和社会心理版图上，出现了一个呈畸形走势的暴戾心理。

这种情况的出现与整体上价值观的多元化有关。此外，利益分配不均衡、收入差距拉大，特别是一些弱势群体的利益诉求没有得到满足，这些情况都会导致心理疾病的发生，而这种心理疾病会给社会带来极大的隐患。

“我有的是钱，我打死你们，我包钱给你们！”这句话出自一名穿警服、驾驶红色马自达轿车的男子之口。这名男子在驾车撞倒一位老人后，不仅不道歉，反而对老人及其女儿大打出手，引起许多民众围观。

同一天晚上，河南省洛宁县邮政局局长驾车连撞 5 人之后欲逃走，同样引得上千人围观。

接连两起交通事故发生后，有公众认为，无论是撞人后打人，还是许多人的围观，都影响了社会的良性运转。目前社会上屡屡发生既不符合道德规则，也不符合法律规定的行为，这不仅破坏了社会文明，也对公众生活秩序造成了不良影响。公众心理日益浮躁，距理性愈行愈远。

中国科学院心理学研究所博士生导师王极盛认为，这些非常规的行为是心理问题凸显的一个反映，心理问题正是当下社会发展急需面对并探索解决机制的问题之一。

一、极端事件背后的心理扭曲

“警服男”事件发生后，即有网友认为，撞人后嚣张打人与其内心的自我膨胀难脱干系，而与“警服男”事件类似的撞人后捅死人一事同样与心理不健全相关。

2010 年 10 月 20 日，西安音乐学院学生药家鑫驾驶私家车，在西安大学城附近将骑着电动车的女服务员张妙撞倒。他下车查看时，发现张妙正在记车牌号，随即向张妙连刺 8 刀后逃逸。随后，在距事发不远的地方，药家鑫又撞倒两名行人，之后被抓。

“好像突然间所有的路灯都灭了，我把刀扔在副驾驶的位置，我不敢看。”药家鑫这样形容自己捅刺张妙后的心情，而他那句“怕农村人难缠”的解释则让很多人费解和愤慨。

据媒体报道，熟悉药家鑫的人都觉得他性格柔顺中暗藏执拗。药家鑫的父亲对他非常严厉，他小时候经常被父亲打，还曾被父亲关在地下室。有分析认为，父母无意间为药家鑫“制造”的负面情绪使他具有双重人格。他在极端紧张和恐惧中表现出的心理性软暴力正是被压抑情绪的极端释放。

“这是一种变态的歪曲心理，想把人致死后有可能逃避法律责任，存在侥幸心理。”王极盛分析认为，“警服男”和药家鑫在不同程度上都存在心理扭曲的问题，这也是缺乏社会主义道德观的表现。“警服男”更突出的是过度自我膨胀，从而忽视社会道德和法律的约束。

据了解，2009 年 11 月发生在北京市大兴区的灭门惨案的凶手，即家庭的男主人，经司法鉴定认为其既往性格内向、固执，其在少儿期常因顽皮、厌学遭受打骂，青少年期即有弑父情结。

王极盛认为，当前一些地方发生的极端暴力事件尽管只是个别案例，却不同程度地折射出目前的社会心理问题。

二、利益分配失衡滋生病态心理

“随着社会快速发展和转型，当前社会心理中一些深层次的问题，以极为深刻和尖锐的形式显露出来，滋生了一些不健康的社会心理，如暴戾心理、自我膨胀心理、浮躁心理等。”王极盛对《法制日报》记者说，如果这些心理问题长期得不到解决，就会在一定情况下被激化。

2010 年 5 月，一度惹来千夫指的“抢房女”，曾“豪言万丈”地说，“经济适用房本来就不是给穷人住的”，并暗讽“蚁族”大学生。与此相应，有评论认为，杭州胡斌飙车案中的种种舆论反映了社会的仇富心理。

对此，有专家认为，当前社会心理的畸形发展，除了体现为极端暴力行为外，还存在一些极端的炫富嫌贫、仇富等心理。

夏学銮表示，在社会转型期，社会上存在浮躁、暴戾和自我膨胀等不健康心理，浮躁与喧嚣使一些人缺少人文的厚重和仁爱，而暴戾心理和炫富心理则是一对孪生兄弟：一个炫耀财富，另一个炫耀武力，都是人文素质缺失的表现。此外，由于公众判断是非、价值标准的迷失，导致忌妒心理泛滥成灾，继而发展成仇富、仇官、仇才、仇精英等极端的心理形式。

中国人民大学法学院教授刘俊海在接受《法制日报》记者采访时表示，这种情况的出现与整体上价值观的多元化有关，因此产生了诸多心理冲突。此外，利益分配不均衡、收入差距拉大，特别是一些弱势人群的利益诉求没有得到满足，这些情况都会导致心理疾病的发生，而这种心理疾病会给社会带来极大的隐患，包括杀害自己家人这种事都会发生。

三、心理保护应纳入医改体系

有精神卫生专家表示，尽管暴力行为难以预测，但是完善的心理干预服务能够帮助人们尽早发现和妥善治疗心理疾病，避免包括暴力行为在内的极端后果的出现。我们需要更为长期的心理干预项目来增强心理承受能力和化解矛盾的能力。

王极盛告诉记者，他在2004年作过一项调查，结果显示，我国成年人中有心理问题的占29.9%。不过，他认为更严重的问题，是目前很多人对待心理问题的态度。

"主观认识上存在误区是主要原因。受我国传统思想的影响，很多人遇到心理问题不敢去看，怕被人看不起。"王极盛说，不去诊治是一方面原因，另一方面原因在于社会上帮助不够，我国心理医生整体水平不高。

"应该建立心理疏导机制。国家应该建立免费的心理急救热线，这种心理急救非常重要，同时应该让心理健康讲座进社区。"王极盛说，关键是建立健全快速有效的应对机制，把心理疾病当成生理疾病来对待，同时严格心理咨询机构的准入标准。

王极盛进一步解释说，个人的多数身体疾病与心理疾病有关，如情绪低落引起的偏头痛等疾病，身心健康才是真正意义上的健康。从这个意义上来说，心理健康就是生产力，应当将心理问题的治疗纳入整个医疗改革体系中去，包括在社区完善心理咨询机构设置。

对于建立心理疏导机制的问题，刘俊海认为，应当利用医院和民间组织两个途径来对心理问题进行救济。对于人格有缺陷的，要加大预防和诊疗的力度，同时要用核心的价值观去引导人，其中最重要的一点就是守法的观念和意识。

"建立一个全方位的，立体型的，由家庭、学校、医院包括幼儿园和社会团体齐抓共管的心理调适体制和机制，使其发挥积极作用，从法律上规定由各级政府和民间组织给予支持，把精神人格有缺陷的人群纳入依法治疗治理的轨道上来。"刘俊海说，作为构建和谐社会的战略部署，从法律上保障社会心理调适系统的建立非常重要。

（原载《法制日报》2010年12月8日）

第三部分　做个成功的家长

教孩子如何做人

王极盛

我在访问1999年考入北大、清华的60多名文、理科“状元”时，问他们父母最关心他们的是什么。这些文、理科状元回答惊人地一致：最关心我们的是做人，父母教育我们要做一个正直的人、善良的人。

甘肃省文科状元张瑞采说，她爸爸教育她要做一个正直无私的人。辽宁省文科状元黄晓东说：“我考试成绩不如意，父母并不责怪我；但我做人出现问题时，他们就会严厉地批评我，抓住不放，进行教育。”

一般的家长，一旦孩子成绩不好就没完没了地批评训斥，使孩子从小就认为考试第一，分数至上。“状元”们的家长则把教育孩子如何做人放在第一位，他们认为，人做好了，其他的就好办。做一个正直善良的人，学习上才会有方向、有目标。

21世纪是知识经济时代，高新技术在社会生活的各个领域都要发生深刻而重大的影响。谁在运用知识和高新技术？是人。正直的人运用高新技术就会为社会谋利，为人类造福；如果自私自利的人掌握了高新技术，反倒可能给人类带来灾难。制假药、卖假酒的人对社会造成的危害，大家已经深恶痛绝。时下，又有媒体不断报道电脑遭到黑客的袭击，也使我们体会到高新技术被坏人利用所造成的恶果。

我们强调做人教育，并不是说忽视孩子的知识教育和智力开发，关键是二者谁带领谁的问题。认为抓了孩子的做人教育，孩子的学习成绩就会受影响，这其实是一种误解。事实上，孩子知道了怎么做人，做人应该怎么样，他就会自觉地学习，而且这种学习的效果肯定比强迫得来的要好。因为自觉学习的孩子能充分发挥自己的学习积极性、心理的动力因素、潜在的心理能量，他就会学习好。反之，不懂得做人的孩子，他可能在学习上投机取巧，或者厌学，就很难学习好。

我所调查的这些高考“状元”，他们平时学习成绩在班里、年级里就名列前茅。他们有独立思考能力，有自己的见解，不墨守成规。他们具有创新意识、创新能力，并不是书呆子。德、智、体的全面发展充分证明了他们的家长对其进行做人教育的成功。

（原载《家庭教育周报》2000 年 5 月 2 日）

做人教育是家教核心

陈 靖

中国科学院心理研究所博士生导师王极盛教授，时常被夜半急促的电话铃声唤醒。这些电话，都属于咨询电话。打电话的人，都是焦虑万分的学生家长，且多是学生的母亲。咨询的内容大同小异，均为家庭教育。对方几乎都是费尽周折才问到王极盛教授电话号码的，并慕名讨教家教的“灵丹妙药”。

据王极盛教授对全国各地约 2000 名学生家长近 3 年的跟踪调查结果，竟有 2/3 的家庭教育方式不当。在这项调查中，过分保护型和过分干涉型的家长分别占 30%左右，严厉惩罚型的占 7%～10%，而真正属于民主型的家长仅占 30%。不当的家教方式限制了孩子良好人格的形成和智力的发展。

王极盛教授于 1999 年 11 月 24 日接受本报记者的专访时，披露了这项跟踪调查的详细内容。

一、中国家庭教育的现状

家长对孩子的期望过高。几乎所有的家长都希望孩子能进重点小学、重点中学、重点大学，直至出国留学。无不望子成龙，望女成凤，这种期望近乎苛求。

家长对孩子付出的代价很大。许多家庭并不富裕，但对孩子的培养不惜代价。以北京为例，有的家长每次请家教 1.5 小时就需付出 150 元。

对孩子的付出，无论是精力还是财力，几乎都达到了超负荷的程度。

孩子学习成绩如何，甚至成为家庭是否和睦及父母心情愉悦与否的“晴雨表”。

相对于家长对孩子的付出而言，家长的收获却很小。往往事与愿违，不是孩子的学习成绩不理想，就是孩子的道德修养不够好。

二、家庭教育的误区何在

对子女教育缺乏科学性，缺乏科学的观念和方法。在许多家长看来，育儿似乎可以无师自通，“生了孩子谁不会养？”王极盛教授前往北京某重点中学讲授家庭教育的问题时，共有 150 位学生家长听课。他问，为了教育好子女而读过心理学书籍的家长请举手，举手的家长仅 4 位。他又问，为了教育好子女而读过教育学书籍的家长请举手，举手的家长仅 3 位。如此悬殊的比例,可谓凤毛麟角了。家长对孩子使用频率最高的词是“听话”。殊不知，没有科学理论武装头脑，家长的“话”有时并不正确。

经调查，有 2/3 的家庭教育方式不当，可以归纳为 3 种类型：

1. 过分保护型。应该由孩子自己做的事情，父母却包办代替。造成孩子的独立性差，社会适应性差，依赖性强。

2. 过分干涉型。给孩子画框框、定调调，不准“越雷池一步”，同样限制了孩子独立性和创造性方面的发展。

3. 过分惩罚型。有的家长信奉“棍棒之下出孝子”，讽刺、挖苦、打骂孩子，使孩子丧失了学习的自觉性，丧失了自信心，没有学习的驱动力。这样的孩子易走两个极端：其一，懦弱无能，谨小慎微。其二，性格粗暴残忍，虚伪狡诈。

王极盛教授曾对 1999 年全国各省的 60 多名文、理科高考状元进行了跟踪调查，结果表明，这些学生大都出自民主型的家庭。这类家庭教育的主要特征是，晓之以理，动之以情，家里的事情民主讨论，谁有道理就采纳谁的建议。这些家长深深懂得“身教胜于言教”的道理,并与孩子保持“平等”的“朋友式”的关系。这样的家庭信任孩子，鼓励孩子，教育出来的孩子往往有很强的独立性、自信心和创造力。

三、对望子成龙家长的忠告

针对这种情况，王极盛教授对家长们提出以下建议：

其一，摆正智力教育和做人教育的位置。许多家长热衷于对孩子进行智力开发，殊不知，培养孩子形成良好个性、独立性和协作性，以及善良无私的品质更为重要。否则,孩子的智力发展将后劲不足。家长们应当懂得，做人教育是家教的核心。教育孩子做一个善良、正直、无私的人，将使孩子终生受益。王教授曾对北京大学和清华大学 60 多名高考状元做过调查，结果发现，几乎所有家长首先要求他们做一个正直无私的人，而且家长们的言传身教和人格力量对他们影响很大。他们中许多人坦言，高考的成功来源于良好的家教带来的精神力量。其实，对学生传授知识和开发智力主要是各级教师的职责，而家长的首要任务是做人的教育。

其二，必须注重“身教”。来自大连的 1999 年辽宁省文科高考状元黄晓庆，在接受王极盛教授调查时介绍，“父母是我的第一任老师，我所有好习惯的形成几乎都是受父母行为的感染。比如，父母乘车时给老年人让座。又如，父母都好读书。家里的家具是父母结婚时买的，始终没舍得花钱更新，但我们家却有很多很多的书，这是最宝贵的财富。身为大款的子女未必幸福，我的家虽不富裕，却感到很幸福”。据介绍，当今许多家长缺乏的恰恰是“身教”，只停留于“言教”。让孩子学习，自己却不读书，热衷于麻将。要求孩子去做的事情，家长自己却做不到，甚至言行矛盾。王极盛教授接受记者采访时强调，父母行为的影响，对子女的一生将起到奠基性的作用。

其三，对孩子教育要讲究平等性。对于家长来说，孩子不仅是血统上的亲缘关系，而且是具有独立人格尊严的朋友。家庭教育，家长既不能过分保护溺爱，也不能粗暴干涉，更不能严厉惩罚，而应循循善诱，以心交心，尊重孩子的选择，充分发扬家庭民主。否则，孩子很难形成健康完整的人格。

其四，注重对孩子创新心理素质的培养。创新心理素质包括创新人格、创新意识和创新能力。21 世纪是知识创新世纪。创新心理素质的培养应从家教开始。特别是要培养孩子的创新人格，鼓励孩子积极进取、追求真理，有独立思考能力，培养孩子的好奇心和创造力。

总之，身为家长应不断地“充电”，不断地吸收科学的观念和方法，并有针对性地结合孩子自身的特点，完成好家庭教育的重任。

（原载《沈阳日报》1997 年 11 月 26 日）

言传身教，和孩子一起快乐成长

王极盛

各位家长，大家好，祝你们的孩子健康成长。今天我们讨论家庭教育的问题。我今天根据这 4 年的情况谈几个主要问题，第一个问题是科学的家庭教养方式。

我曾经对中国父母的教养方式进行心理学研究，结果显示，中国目前 70% 的家长在教养方式上不合格。目前教养方式有 5 种：过分替代，孩子能干的不能干的父母都干。孩子晚上做题不会，叫“妈，你过来”，他妈妈问“什么事啊”，他就说这道题不会做，他妈妈说“宝贝，你去吃苹果，妈妈给你做”，做完了说“宝贝，你抄上去吧”。过一会儿又是“妈，你过来”，他妈妈说：“什么事？”“我做完了，你过来给我检查一下。”“宝贝，你喝点饮料，我给你检查。”检查完之后，“有 3 道题错了，宝贝抄上去”。过分替代造成孩子自己的学习能力、检查能力缺失，妈妈还说你怎么总马虎。这不是孩子的错，是家长的错。本来检查问题、检查作业对不对是孩子自己的事，你不让他做，你自己代替他做，孩子就没有这种能力。所以他一做题就错，不是孩子的过，是你的过，你剥夺了孩子锻炼、成长、检查的能力，所以造成孩子总马虎，你还总是批评孩子马虎，那是因为他检查能力缺失。

我跟大家开个玩笑，我也有马虎，谁的过？我爱人的过，我爱人什么事情都伺候我，我不会洗衣服也不会做饭。我出门衣服也不检查，甚至有时候衣服扣子都扣错了。为什么会那样呢？是因为她过分替代，造成我的能力缺乏。

目前有 30% 的家长采用的是过分保护式的家庭教养方式，还有 30% 采用的是过分监督的家庭教养方式。唠叨孩子，可以这样做，不可那样做。孩子同学给孩子打来电话，妈妈不让孩子接，必须她先来接一下，听到是女孩就问，你怎么认识我儿子的，你和我儿子什么关系，她儿子一听就急了，说“妈，不该你管的事你管什么”。过分监督，不许这样不许那样，这样也不利于孩子成长。

第四种是打骂式的家庭教养方式。中国打骂式的家庭教养方式约占 10%。此种教养方式教养出的孩子容易出现两种情况，一种是唯唯诺诺、缺乏适应能力、胆小如鼠，另一种是残忍、粗暴、野蛮。青少年犯罪中的孩子不少都经历过打骂式的教养方式。

第五种教养方式即温暖、理解、民主的家庭教养方式，这是最好的家庭教养方式，父母孩子有辈分之分，但是地位是平等的，孩子有发言权，什么时候都可以发言，家庭民主讨论，这样的家庭关系比较好。

我给大家讲一个非常重要的实例，我研究高考 20 多年，访谈了 400 多名省级状元和 100 多位状元家长，研究结果证明，高考状元家长的教养方式绝大部分是温暖、理解、民主的家庭教养方式。状元可遇不可求，状元的家庭教养方式就是比普通家庭高一着。我总结了一句话，状元家长与一般学生家长家庭教养的区别，状元家长该做的都做了，不该做的不做，我们普通家长该做的不做，不该做的全做了，区别就在于这点，什么事情都是有规律的，家庭教养方式也是有规律的。我的研究表明 70% 的状元家长是工人农民，别小看工人农民，他们的家庭是温暖、理解、民主的教养方式。我今天问大家一句话，在座的家长都是爷爷奶奶辈的，我问一下：“这位大姐，您孩子从小到大，你打没打过？”“打过。打过不止一次。”“你看还打过不止一次，你儿子不是状元吧。”“不是，两个孩子一个都不是。”“这位大姐呢？”“打过。”“这位大妈，您也打吧？”“没有。”400多名省级高考状元的家长大部分没有打过孩子，我都有数据证明。一般挨过打的孩子自尊心严重受损，缺乏自信，学习积极性不高，成绩受影响。一般没挨过打的孩子自尊心强，积极性高，有信心，相信自己的能力，学习成绩也好。为什么打过骂过的孩子学习成绩和自尊心差呢？孩子一旦没考好，家长就侮辱他脑子进水了，哪个孩子爱听自己脑子进水的话，这样造成父母和孩子沟通也不好。你说星期六同学来了，在屋里有说有笑的，孩子就不跟你讲话。你总说他脑子进水了，谁爱听呀？有个北京的考生给我讲，他妈妈第一次说他脑子进水了，他没想反驳她；第二次说他脑子进水了他就想反驳，忍了忍没说；第三次又说他脑子进水了，他实在憋不住了，他说“只有脑子进水的妈妈才能生一个脑子进水的儿子”。

所以,保护孩子的自尊心,尊重孩子的人格对孩子的成长很重要。我问：“在座的家长，孩子从小到现在没打过一巴掌的请举手。”“我没打过，我的孩子现在是局级干部。”民主地讲，你要和他讲道理，人格平等地讲，虽然孩子是你的，但是孩子的人格是独立的。我们中国传统认为你是我的孩子，你就得听我的，你还想跟我顶嘴就是反了。中国太多传统教育观念影响教育方式，所以孩子学习成绩不好。潜力没被挖出来，和家庭教养方式很有关系。所以今天重点和大家讨论的第一个问题,就是要建立温暖、理解、民主的教养方式，不要打骂孩子，孩子学习不好都是你打骂出来的，造成孩子自尊心受损，这就是第一个问题。

现在开始讲第二个问题，培养创新素质。创新素质有3个方面：创新人格、创新意识、创新能力。只要这3个方面做到，下一代的创新素质就会提高，我们国家就能够富强。

创新人格包括5个要素：好奇心、求知欲、质疑精神、坚持性、坚持真理修正错误。

第一，好奇心。孩子问为什么，父母不要逃避，网上查一查告诉他。我就遇到一个小孩，他问妈妈：“妈，那个阿姨的小孩哪来的？”“你别胡说，我给你 10 块钱，买冰糕去吧。”孩子的好奇心就被这句话给挡回去了，孩子以后就不想问什么问题了。好奇心是人生来就有的天性，谁都有这个天性，为什么长大之后好奇心少了？因为受过无数次的压抑。问这个家长不回答，问那个家长不理睬，好奇心就这样被压抑回去了。

好奇心是创新人格中最重要的一个要素，要让孩子多问为什么，发展孩子的兴趣，每个孩子兴趣点都不一样。一个家长说他儿子功课不好，就是爱拼积木，把积木拼成各种形状，还有很多想法。我说这叫实践能力——智力很重要的一方面，你要在保护孩子玩积木的好奇心和实践能力的基础上提醒孩子把功课做好。这里我补充一下智力结构的理论。智力结构 5 大要素：一是观察力；二是记忆力，记忆东西快；三是思维能力；四是想象力；五是操作能力。

第二，求知欲。各个孩子兴趣不一样，他的兴趣所在，实际就是他的求知欲。有求知欲的孩子学习积极性就高，甚至不吃不睡也要学。

第三，质疑精神，就是敢提问题，敢向权威挑战。假如说有的学生对我讲课不满意，可以提出批评建议，这就是质疑精神，作为老师应该欢迎这种态度。

第四，坚持性。鼓励孩子办事情要办到底，不达目的决不罢休，培养这种精神。

第五，坚持真理修正错误。毛泽东说过，“金无足赤，人无完人”，任何一个人都会有缺点，都会有错误，只是缺点有大小的不同而已。“90 后”孩子很张扬，我觉得很好，有积极向上的精神，但是他们也有不足的地方：

以自我为中心，有错不认。“90 后”有张扬个性的精神这是好的，要肯定鼓励，但要批评他们不够谨慎，没有自我批评的意识。父母惯得不像样，什么事一不合心意，就离家出走。创新人格，就是以上 5 个要素。

创新素质的第二方面是创新意识。所谓创新意识，就是有创新的需要和动机。其实很多孩子都有创新意识，比如有孩子认为这个积木模型拼得不好，我可以拼得更好。这就是一种创新意识，追求进步的表现。我还遇到一个高三的学生，他说他现在应付高考，高考之后他就提出一套改变北京雾霾现状的方案。这也是一种创新意识。还有一个开封的学生，他要参加自主招生考试，考清华大学建筑系，他说：“我要把中国传统与西方建筑风格结合起来，创造一种中西合璧的建筑风格。”这也是创新意识。

创新素质的第三个方面是创新能力。我跟学校讲课告诉他们培养创新能力的方法，叫作每天玩一分钟——训练发散性思维，很容易提高。我问你一句话：“你看这是什么东西？”“水杯。”“嗯，我问你一句，你回答，越快越清楚越好，水杯有什么用途？”“喝水、保温。”10 秒钟答两个。如果及格是 10 秒钟答 10 个呢，包括科学院教授我都测过，绝大多数不合格，几千几万的学生我都测过，几乎都不合格，他们都是“喝水”，就完了。茶杯有什么用处？装水、装醋、装酱油、装可乐、装大米、装小米、装黄豆、插花、小男孩憋不住尿当尿桶用……只要创新思维、发散思维提高了，考试肯定能考好，这道题不会换一个思路说不定就行了。改革也是这样来的，这点不行换一个，这个训练好将来发展就好，发散性思维很简单。在座的各位朋友，无论你是青年人、中年人还是老年人，每天都玩一分钟，怎么玩呢？看见什么问什么有什么用途。看见表就想手表有什么用途，越快越好。看见扇子就快答扇子的用途，越快越多越好。在座的各位，您只要坚持住每天用一分钟，看到什么就问什么，您的发散性思维就越来越好了，您的思维流畅性就越来越通畅了。我刚才介绍的方法叫物品特殊用途法。本来杯子就是装水的，装酱油、装土、插花，就是物品的特殊用途。通过物品的特殊用途，来训练我们的发散思维能力，提高思维流畅性水平。就像脑筋迟钝，脑筋也是用进废退，经常用脑子就灵活，不经常用就迟钝了。发散性思维训练对延缓老年人思维迟钝很有好处。中国有句俗语："夕阳无限好，只是近黄昏"，我改了一下，叫作"夕阳无限好，晚霞更生辉"。在座的各位，培养孩子创新素质，就是为中华民族伟大复兴培养了后备军，每个人都有责任。中华民族复兴是每个人的责任，其中一个责任就是培养孩子和自己的创新素质。

今天讲的第三个问题，叫作暗示、模仿、感染，是家庭教育最重要、最关键、最起作用，也是最容易被人忽视的教育方法。换句话说，言传身教，用心理学的话讲就是暗示、模仿、感染。举个例子，我在学校给一个人咨询，她说，王教授，那边来了一个女同学，她跟别人不一样，她一走一扭屁股。我说，谁走路不扭屁股，不然成木头人了。但是来咨询的小女孩说，我看过她妈妈，她妈妈也是这个臭德行，走路一走一扭屁股。我说，这不是遗传的，人的习惯都是后天学来的，父母有好习惯，孩子也有好习惯。

过去有个邻居，跟人讲话就挤眼，我说你这就会给男孩子传递错误信息。再举个例子，有一所小学的五年级要开家长会，请我去讲几句话。没开会之前，家长在一起闲谈，一个母亲说，她的儿子五年级上了这个班之后在家里没事就拔胡子玩，另一个家长也是。我心想，肯定是班主任有这个毛病。班会开始，班主任说道："各位家长，欢迎参加这次班会。"然后就扒拉一下胡子，"现在汇报一下班级考试情况"，又扒拉一下胡子，小孩子看老师这样，不知不觉也这样。母亲对孩子说："你就说你吧，别的没学会，臭毛病都学来了。"习惯、动作都是学来的。有一位教授在家准备参加国际会议的论文，小孩感冒了没去幼儿园，在家坐不住，就跑来跑去地闹，他爸随口说：“小兔崽子，你别闹！”孩子到爷爷奶奶家，见人第一句就是：“小兔崽子，你别闹！”大家都莫名其妙。只有他爸爸心里明白这是自己的话。

暗示、模仿、感染对人的智力开发也有作用。北京有一个考生，高考后给我讲，他初二的时候做一道数学题没做出来，数学老师问他，你脑袋是不是受伤了，他说他也不知道。回家后问他妈，他今天一道数学题没有做出来，他老师问他是不是脑袋受伤了。他妈妈一听脸色都变白了，说：“宝贝儿子，妈妈这一辈子最对不起你的事情就是把你的脑袋给摔了。你可不知道，你小时候，北京人的居住条件很困难，几家共用一间厨房，我做饭不方便，有一次把你放在后面破板凳上，你不小心一脑袋栽在地上，哎呀！你哭得那个惨啊，妈妈的心都碎了。”老师问你脑袋是不是受伤了，这是暗示，他妈妈说确有其事,这是明示。这个学生心想,我脑袋都受伤了，数学肯定不行了，这是自我消极暗示，从此以后这个孩子的数学成绩急剧下降。

到了高二的时候出现了转机，他做一道数学题，答案和其他同学一样，但他做的思路步骤和方法很有创意，数学老师看了以后，第一句话就是，你太有数学天赋了！数学老师的话彻底颠覆了脑袋受伤了数学肯定不行的陈腐观点，从此以后他的数学学习积极性大大提高，数学成绩节节上升，高考数学满分 150，他竟然考了 145 分。这个考生非常感慨地跟我讲，王老师，你们所说的自我暗示太重要了。所以孩子成绩不好，你也别急，你说他行就行，说不行可能就真不行，家长的话影响太大了。

暗示、模仿、感染对理想和价值观也有影响。北京有一个学生，小名叫甜甜，在高二的时候，他的邻居阿姨问他：甜甜，你将来要考什么大学？

甜甜脱口而出：我要考北大。阿姨问他：你为啥考北大？他说：我大大（伯父）、大妈（伯母）、爸爸都是北大毕业的，我将来也要考上北大。这个小甜甜早就北大毕业了，大家猜猜这个小甜甜是谁？这个小甜甜就是我的儿子，当时我们家 5 口人，4 个北大毕业的，被人家说得神乎其神，有很多个版本，都不对，就是 6 个字，暗示、模仿、感染。我家里没有什么好东西，就是书很多，近两万本书，这些书不少我儿子都看过。在他小的时候，我回家拿报纸杂志坐在小破板凳上看书看报，后来他一看我进门，赶快跑过去，一把把我手里的报纸杂志抢过去，坐在破板凳上看，小屁孩儿一个字不认识，他就是在那儿模仿养成了习惯。有的出版社找我出书，题目都给我定下来了，叫作《王极盛教授教子手记》。我说我写不了，他说你为什么写不了，我说我没有东西写，我只有 6 个字，暗示、模仿、感染，卖 30 块钱缺德不缺德？我儿子考上北京大学后，每次考试的时候他回到家里来复习，北京大学离我家也就一两公里，很近。他说，爸爸，您休息会儿，我坐在您的椅子上复习功课就会考得好。他坐在我的椅子上复习功课，还真就考得好，他说爸爸你的成果多，我坐在你的椅子上，就能考得好。他的强烈自我暗示就能使他信心充分，就能使他考得好。

今天讲的第四个问题是培养孩子的健康心理，我对 4 万中学生进行心理健康状况实地大数据研究，目前他们的心理健康状况是这样的：

32% 的学生有心理问题，其中轻度的占 28%，中度的占 3.9%，重度的占 0.1%。大家要认识到，心理问题不是精神病，人人都有，人的一生在不同年龄段都会有心理问题，问题是要早发现早调整，防止它再次出现。

心理问题确实影响孩子的成绩。孩子心态好，考试超常发挥 50 ~ 100 分不是梦；孩子心态不好，考试丢 10 分、20 分的大有人在，甚至丢 30 分、50 分的，更有甚者一分不得。调整心态的方法很多，今天教大家几个方法。

第一个心态调整方法：王极盛健美幸福操，是调整心态最简便、最有效的调试方法。中央电视台等媒体都播过，中国中学生听我讲课教他们健美幸福操的约两百万人，真正学会的没有多少人，为什么呢？讲课在两千人会场里，我在前面讲的动作，后面都看不清，他能学会吗？今天咱们家长会可以手把手教，孩子肯定可以学会。

念 4 个字的同时两手做动作，“健美幸福”“健美幸福”“健美幸福”……一次做 9 遍，加在一起 30 秒钟，一天两遍就可以了。如果有时间，一天三五次甚至更多也更好，没事多做做。做健美幸福操，站着做也行，坐着做也行，念出声音来也行，默念也行，一个人做也行，多个人做也行。最好站着做，念出声音来，多个人一起做。操作方法如下：站着做，全身放松，两脚与肩同宽。最关键的是要面带笑容，非常自然地笑，开心地笑，不要冷笑。两手放在腰的旁边，自然放松，手指既不要绷得太紧，也不要握拳，你感觉怎么放松就怎么放松，然后念 4 个字“健美幸福”，双手十指动作和它配合。念“健”字的时候，除大拇指之外，其他的 4 个手指第二个关节弯 90 度；念“美”字的时候，第一个关节再弯 90 度；念“幸”字的时候张开手，握住拳，再张开手；念“福”字的时候握住拳，脚尖着地，脚跟抬起来，挺起胸，高举手。

做健美幸福操，绝对没有副作用。我在石家庄给家长讲课，有一位家长说，你的这个操好是好，就怕有副作用。我问有什么副作用，他说现在吃的都有副作用，您的这个没有？我说，绝对没有。

王极盛的健美幸福操有 3 个作用：

一是提高学习成绩。我在北京的一个班里做实验，开学的时候进行文化课的测试，一个年级 6 个班，有一个班成绩最差，我就在这个班做实验。方法很简单，下课后，铃响了，开始上课了，班长到前头来带大家做 30

秒健美幸福操。一个半月后期中考试，这个班成绩突然上去了，而且英语成绩特别好。英语老师感到很诧异，去找班主任问学生吃了啥东西英语成绩提高这么迅速。班主任老师回答说，第一，你的英语教得好；第二，王教授的健美幸福操起了作用。

二是心理健康水平提高。同学们做了一个半月后，我进行了第二次心理健康测试。班里同学们的焦虑、抑郁等心理问题大幅度降低。情绪愉快度大大提高。

三是改善人际关系。有的同学说，过去心情焦虑、郁闷，和同桌关系紧张，动不动就给同桌两拳，做了这个操之后，他心情愉快，和同桌的女同学关系变好了，就跟兄弟姐妹一样。

第二个心态调整方法：学会深呼吸。缓慢地、有节奏地吸气，缓慢就不是快，有节奏就是不要有快有慢，不像抽风一样，这是第一个要领。第二个要领，是缓慢地、有节奏地吸气之后不要马上呼出，绝大多数人是马上就呼，停一两秒钟，就是换一口气，然后张开口，慢慢呼气。谁做谁有效，试试看，越呼心情越舒畅。

第三个心态调整方法：按摩内关穴。二、三、四指并在一起，把食指最边的地方放在左手手腕最前面那条横纹线上对齐量一下，无名指压在中间的地方，就是你的内关穴所在的位置。为了准确起见，你在无名指中间的地方上下移动一下，上下按，那个最麻、最酸甚至最疼的地方，就是你的内关穴。按摩内关穴有 3 个要领，第一个要领是找准内关穴，第二个要领是顺时针按摩，第三个要领是按摩 36 次或者 36 的倍数。你什么时候都可以做，比如看电视的时候，就可以按摩按摩。

第四个心态调整方法：走路挺胸抬头，步伐坚定有力，速度稍快。大家都有体会，孩子考得好的时候，走路挺胸抬头，考得不好的时候就无精打采。走路挺胸抬头、步伐坚定有力、速度比平时快 1/4，但是这个速度很难掌握，快一点就行了。人的信心体验和人的动作姿势具有高相关度。人有信心的时候，走路挺胸抬头，没信心的时候，走路低头弯腰。反过来也一样，走路挺胸抬头，就会促进你的信心。

在座的家长你自己要学会这几种调整心态的方法，然后再教给自己的孩子。不要把高考状元看得多高明，70% 的状元家长都是中学文化程度，都是工人农民。他们主要是掌握了家庭教育的规律，他们该做的都做了，不该做的都没做，而我们有一些家长却是该做的没做，不该做的都做了。

我 54 年的研究证明，谁也不比谁差，只要掌握规律你就不比任何人差。

祝家长们家教成功，为中华民族伟大复兴培养优秀的后备力量。

（2016 年 7 月 14 日中央党校社区家庭教育讲座讲稿）

孩子应远离成长烦恼

景　林

素质教育一直是近年来人们密切关注的热点问题，在现行教育体制下如何提高学生的素质，同时又有利于学生学习成绩的提高呢？带着这个问题，心理学家、教育与高考热点问题研究专家王极盛教授对 3 万名中小学生进行了心理研究，对全国高考 135 名状元与近百名状元家长进行了访谈，接受了数以千计的家长咨询，得到的答案是：素质教育很重要，提高被教育者的素质，首先要提高教育者的素质。“提高素质提高成绩”丛书（北京教育出版社）正是王极盛教授的研究成果。该丛书第一批共分为 4 种，分别为:《状元培养实录——高考状元父母访谈与点评》(父亲篇、母亲篇)、《驱散心理迷雾——提高学习成绩的新途径》、《开发头脑金矿——创新素质的发掘与培养》、《做个合格家长——成功家庭教育的秘诀》。

在《状元培养实录——高考状元父母访谈与点评》(父亲篇、母亲篇)中，作者在与 60 多名状元的父母访谈的基础上提出：教做人是家庭教育的首要任务；培养孩子的学习习惯比抓孩子的学习成绩更重要；为孩子创造良好的学习环境，是每个家长应尽的义务；言传身教，是孩子无形的老师……心理素质是素质教育的重要内容，作者曾对高考状元进行了 20 个因素在高考成功中的作用的定量研究，发现考生考试中的心态在高考成功中的作用排第一位，考生考前的心态在高考成功中的作用排第二位。这项研究表明：学生的心理素质与学生的考试成绩有明显的相关性。因此，提高学生的心理素质，提升学生的心理健康水平，是提高学生学习质量，提高学生考试成绩的重要途径。《驱散心理迷雾——提高学习成绩的新途径》一书正是从这个角度告诉读者如何走出心理健康的误区，心理健康与学习成绩的关系，解决考试焦虑心理、学会自我心理调整的方法和手段。

中国有 3 亿多家庭，家庭教育已成为社会的热点、焦点和难点。许多家长不了解孩子的心理，不了解家庭教育的规律，因而陷入了误区。《做个合格家长——成功家庭教育的秘诀》以提高孩子的心理素质、实际能力和学习成绩为宗旨，通俗而又具体地向家长讲述了怎样走出家庭教育的误区，家长在“减负”中应该做些什么等问题。

丛书是在采访与心理咨询的基础上写成的，取材于丰富的学生生活实践和具有典型意义的案例，读起来既通俗生动，又具有可操作性。许多令人困惑的问题，阅读丛书后会有所启迪。

（原载《中国新闻出版报》2001 年 11 月 26 日）

青少年心理健康教育与综合素质发展

王极盛

2008 年 5 月 16～17 日，由中国教育学会初中教育专业委员会、中国教育学会小学教育专业委员会、团中央《辅导员（教学版）》主办,优学网、北京睿升学校、新浪教育频道等协办的首届全国青少年课外教育发展高峰论坛在北京大学百年讲堂举行。中国科学院心理研究所教授王极盛在论坛上进行了主题为《青少年心理健康教育与综合素质发展》的演讲，以下为演讲实录。

王极盛：各位代表，下午好！首先预祝你们从事的课外教育事业蒸蒸日上,我今天和大家讨论的题目是“青少年心理健康教育与综合素质发展”。

课外教育是正规学校教育的补充和延续，它具有灵活性的特点。我认为课外教育的一个重要任务是提高素质、提高成绩，而心理健康教育正是提高素质、提高成绩的最基本的、最重要的、最见效的手段。今天与大家讨论 4 个问题：

一、目前中国青少年心理健康的状况不容乐观

按照教育部的要求，中国学校心理健康教育正按照教育部的要求，有序、平稳、健康地向前发展，无论是师资配备、教材出版还是实际操作方面都取得了不少的进步。我要强调的是，中国青少年心理健康状况不容乐观。我用我自己编制的《中国中学生心理健康量表》已经对 4000 多名中学生进行心理健康测试，其中 2/3 的学生存在问题，28% 是轻度的心理问

题，3.9% 是中度的心理问题，0.1% 是重度的心理问题。我通过《中国中学生心理健康量表》对中学生心理健康研究发现，其中，29.9% 的中学生存在心理问题，其中最严重的是心理承受能力差，56% 有心理承受能力差的问题。次严重的是躯体化现象，就是心理压力在身体上的表现，很多中学生一紧张就头疼、腰疼。中国中学生的心理健康问题主要有 10 个问题：第一，强迫；第二，敌对；第三，偏执；第四，人际关系敏感；第五，抑郁；第六，焦虑；第七，学习压力大；第八，适应不良；第九，情绪不稳定；第十，心理不平衡。中国中学生心理健康问题、心理素质偏低的问题也影响学生综合素质的发展，影响学习成绩的提高。

我觉得中国心理健康教育问题目前存在 4 个不良倾向。第一，心理健康教育知识化。把心理健康教育看成知识体系的东西进行教育，这违反了心理健康教育实质，它是养成教育，不是一种知识教育。第二，心理健康教育疾病化。实际上心理健康教育不是解决心理疾病的问题，而是挖掘你的心理潜力和提高你的心理适应性。第三，心理健康教育与思想教育等同了，认为做思想工作能解决心理健康教育问题。这是两类不同性质的问题，但相互有补充，相互促进，但不等同，不能用思想工作来代替心理健康教育工作。第四，形式化倾向。每次汇报多少人、多少老师，事实上没有。我自认为，心理健康教育的实质是感悟教育、体验教育、养成教育。举个例子，很多考生中考、高考有一门没考好，马上心里会觉得中考、高考整个都没考好。大连市二十三中有一个考生，有一门没有考好，但是他心态好，很快调整好心态，高考 637 分，成为当年辽宁省的文科状元，他去了北京大学的经济系。另外还有一个中学的学生，有一门没考好，和他平时成绩差不多，情绪一直没有调整过来，高考成绩和他的平时成绩差了七八十分。再举个例子，2006 年高考重庆市文科状元蔡妮芩考取北京大学，这个小姑娘养成了一个习惯，平时模拟考试，如果数学考 150 分，便不高兴。我说，你这个小姑娘怪，人家考 150 分都会欢天喜地，你却不高兴。她说，我要是平时数学模拟考试 130 分，特别是选择题错，我会特别高兴，我认为我还是可以的，通过发现错误、改正错误，我很快能将成绩提上去，高考就能成功。要是直接考了 150 分，感觉自己便没有发现错误、改正错误的机会了。这是心态不一样，养成的习惯也不一样，平时考试的任务就是发现错误、改正错误，所以出现问题她并不紧张。有的学生不一样，将平时考试与高考等同起来，一门没考好，马上心情每况愈下。

二、强调课外教育中心理健康教育的重要性

因为课外教育必须有灵活性，时间也不是很长，不像学校 6 年、3 年、1 年的长期课程，它有一定的灵活性。所以课外教育中首先要根据学生的心理健康情况进行教育，有助于他们提高心理健康素质。其次，心理健康教育是推进素质教育最重要、最基本的形式。再次，课外教育机构应该根据 21 世纪社会发展的特点，提高学校的应变能力、竞争能力。有问题发生，很快有很多方案，到时候能够使用上。这是一种应急能力，应急能力是综合素质的综合表现。出现雪灾，你怎么对待？应该形成一套健康科学的应对方式。最后，心理健康教育是德育、智育、体育、美育相互促进的，是连在一起的。

三、调整好心态是考试成功的一半

现在很多课外教育机构，家长把孩子送出去的目的就是提高成绩，成绩上不去，很难达到升学线。我们升学教育也是一样，只要高考考不好，学校的知名度马上就下去了，社会就不大承认你了。我感觉课外教育中也要强调调整好心态，因为课外教育主要在于辅导成绩，是一种辅导性质的教育。北京市 70 多所复读学校，目的就是复读一年，成绩能提高，就可

以考上大学。我研究十几年高考，复读学校研究了几千人，最后就是非常简单的一句话：只要心态调整好，今年肯定比去年考得好。这是我研究十几年高考得出的结论，北京大学每年招的省籍状元中，大部分是复读生。有很多复读生，复读一年不如一年，就是心态问题没有解决。

我这里想讲一下复读学校怎么提高成绩、提高心理素质，这是一个中考、高考的成功规律。我研究十几年，研究出 8 个字：考试成功 = 实力 + 心态。实力代表科学文化素质，心态代表心理素质。所以，高考、中考不仅是打知识仗，也是打心理仗。

1. 考生掌握和运用知识的水平是考试成功的基础，是考试成功的硬件。我到好几个学校讲课，很多考生对我讲，王老师，我明白了，心态调整在高考中太重要了。我高考那天，又蹦又跳又笑，结果到考场什么都不会，这样也不行。考生心态是高考成功的关键因素，既可以使考生正常发挥，也可以使考生超常发挥，还可以使考生发挥失常。2002 年高考，北京八中有一个考生杜长远，一模成绩 596 分，年级排名第 12，二模成绩 614 分，年级排名 100，大家猜猜他高考考了多少分？考了 704 分，比二模提高近 100 分。我问这个考生，为什么考这么好？他说，主要没有来自家庭的压力。我现在补充一句，中国考生目前最大的压力来自家庭。我的研究表明，90.2% 的考生怕考不好对不起自己的父母。所以中国考生要考得好，首先家长要配合，中国考生家长干着急，瞎帮忙，反倒帮倒忙。每年中国高考考生家长送考生到考场，是一道独特的风景线。这种行为实际上是给考生增加压力，给考生减考分。举个例子，我在人大附中看见一件事情，一个考生由几名家长护送，有爸爸、妈妈、爷爷、奶奶、姥姥、姥爷、叔叔、婶婶，再加上小姨，临进考场前，一个一个说，“宝贝，你一定考得好，这不仅关系到你个人命运，而且还关系到全家人的命运前途”。一个考生带着9位家长的重托进入考场。三中的学生有一个口号:“辛苦我一个，幸福三代人”。所以，刚才讲到八中的考生，他父亲对他说，“能考什么样就考什么样，考不好，上北京师范大学，北京师范大学再上不了，就上北京工业大学,北京工业大学上不了，就上北京其他的大学”。他觉得没问题，越考越放松，越考越来劲，越考越疯狂，最后，他考了704分，创造了当时北京高考有史以来理科考生最高分的记录。所以我强调一个观点，心态就是分。和做考题一样，心态就是分。这个考生之所以成功，就是心态好，超常发挥近100分。那心态不好呢？我曾经到山西省运城县讲过课，他们那里有一个考生，第一年没考上，又复读一年，他平时每次考试都是670分、680分,都是年级第二名,高考考了一个370分。学校的老师不大相信，调出卷子，一看卷子就明白了，答几行空一大片，答几行空一大片，把非常简单的题答上去，有点难度的题空着，丢一分，再丢一分，今年高考又没戏了，结果一紧张，脑袋一片空白，最后丢了300分。这是第一点，高考要看心态。

2. 考试中心态和实力同等重要，缺一不可。现在很多考生和家长吃亏就吃在把实力看得非常重要，这也是应该的。但是忽视了心态，结果考试时心态不稳定，脑袋一片空白，过去了。从1999年开始，每年全国31个省、自治区、直辖市的省级高考状元，连续访谈，9年的400多名高考状元，他们成功的背后就是两句话:第一句话，学习方法得当，实力强;第二句话，心态好，发挥好。2006年高考山西省理科状元考上了北京大学。他跟我说，王老师，我的高考秘诀就是两个：一是从来不做老师没布置的作业；二是从来不买教辅材料。我说他是经典的符合中国高考大纲要求的典型产物。高考就考大纲要求的，老师布置的就是高考要考的，于是他教辅材料不做，就做老师布置的。我靠思维取胜，我做这道题，是什么数学思想、数学思路、数学途径，具备一般的处理方法，我做 3 道题，就比做 100 道题还有用。这就是心理素质好。我再举个例子，今年我出两本书，第一本书《心态决定成功》，第二本书《素质决定成绩》，北京一所中学的一个班 53 个人参加高考，25 个考上北京大学，13 个考上清华大学，8 个考上厦门大学，2 个考上美国的大学，53 个人中只有两个人没有达到清华大学的提档线。去年清华大学的提档线比北大少了几分。其实，获得好成绩并不神秘，就是素质好。这些孩子德、智、体、美全面发展，综合能力高，适应能力强，竞赛各个得奖，其中一个重要的因素就是心理素质好。所以高考成功规律，实力 + 心态，两个同等重要。很多考生的心态不好，到考试前还夜里两三点钟才睡觉。

3. 越是临近考试，心态调整越重要。有的学校老师对我说，到了 6 月 6 日晚上，老师还给学生手机发信息，要求学生尽快准备今年统考的政治题的相关内容，整得考生整晚都没法睡觉。所以这也是老师心理素质不好。提高学生心理素质是考生提高成绩非常重要的途径，而且明显见效。

四、课外教育机构调整心态的方法

我们现在知道调整心态的重要性，但是怎么操作不清楚，心理健康教育很重要，重要的是怎么操作呢？我感觉课外教育机构，要用短、平、快的方法，哪怕是半个月的辅导班，我把心理健康的重要方法教给你，考试一考一个准儿。成绩提高了，这就是重要的、有效的方法。

第一，暗示、模仿、干预法。有学校老师告诉我，王老师，我们学校五年级的小男孩，下课之后没事拔胡子玩。我下午就到他的教室看看怎么回事，一看班主任一面看报一面拔胡子，我就觉得很有意思。我说，老师你这是什么意思。他说，我小的时候看我爸爸每天下班之后，拿一张报纸回家在沙发上一靠，一面看报一面拔胡子，我感觉好玩，也开始拔，我现在当了老师也拔，就是好玩的事情。还有一个女孩对我说，王老师，你看看我们班同学来了，我问要看什么，她说你看这个同学走路，一走一扭屁股，一走一扭屁股。我说，扭屁股是正常的，人人走路都要扭屁股的，如果不扭的话走不了。她说，但是这个同学扭得太厉害了，肩膀都翘起来了。她告诉我，这个同学的妈妈就是这样，她妈妈就一走一扭屁股，她妈妈走路扭屁股的行为就传染给她了。我说不是，小的时候妈妈在前面走，同学在后面跟着，同学妈妈一走一扭屁股，同学在后面自然而然就一走一扭屁股，长大后就一走一扭屁股，不是遗传过来的，是模仿过来的，是干预过来的，干预很重要。最近看电视，我看汶川地震，看到别人流泪，我自然而然就流泪，这是一种干预，都有这种心理特征。我还到过一个学校，一个小女孩一面跟我说话一面"哎"，我说你"哎"什么，她说"我'哎'了吗"，我说你"哎"了半天，还没有"哎"啊！我讲的这个故事什么意思？有3层意思：首先，家长要想孩子心态好，自己要心态好；其次，老师要想学生心态好，老师要心态好；最后，同学之间的心态干预也非常重要。这是模仿干预。有一个教育机构特别把干预挑出来，这是最大的成功。不是让学生多做作业、多做卷子，而是要把气氛挑起来。我刚才说到53个考生，51个达到清华提档线。考生说，你在那个气氛里，你想不学都不行，是那种气氛自然而然地让你学。这是暗示模仿干预。课外机构给班里造成一个良好的心理气氛，这对提高成绩非常重要。

第二，王极盛的健美幸福操，操作的方法非常简单，孩子做有用，成人做也有用，希望在座的老师也当场学会它，对心理调节很好。默念4个字，健美幸福——健康、美丽、幸福。站着、坐着念都行，默念也行，大声念也行。做的时候要放松，要面带笑容，非常得意地笑，非常自愿地笑。两个手自然地放在腰上面，不要分开，我在日本东京大学学习过几年，我也把这个方法教给日本教授，日本教授非常认真，非常较真儿，经常问我："王教授，两个手精确到多少厘米？"如果是精确到多少厘米，肯定会紧张。（现场动作演示）做 9 遍，30 秒钟，肯定有时间做。我对同学说，你上卫生间，就会有时间做。我每次在机场候机都做。到飞机场上做的时候，你别念出声，默念就行，动作小一点也行。我每次都对学生讲，每次给学生讲课的时候都是掌声不断、笑声不断。有学生问我，我考试没考好，不高兴的时候做也行吗？我说，不高兴时做也能有笑。一做就会笑，肯定能笑，只要掌握了方法，谁都会笑。我现在让大家当场学会它。你先把右手伸出来，念"健"字的时候，除大拇指之外，其他的 4 个手指的第二个关节弯 90 度；念"美"字的时候，第一个关节再弯 90 度；念"幸"字的时候，张开手，握住拳，再张开手；念"福"字的时候握住拳，脚尖着地，脚跟抬起来，挺起胸，高举手。练一练，谁都会做。在座的各位代表，我很愿意把这个方法推广出去，大家都受益。高考、中考，确保孩子正常发挥，力求超常发挥。这个操不仅对考试成绩有帮助，对提高心理素质也有益处，对大人而言可以减轻压力，大家压力非常大，但这一套方法，只要能进入这种状态马上就有效，就是一种条件反射、心理反射。

这套心理健康操晚上在家里看电视的时候，也可以边看边做。越做越高兴，我们会发自内心地高兴，这是人类的内心感受，谁都愿意做，这就是规律。

当然，做的时候注意不要太快，基本上一秒一个动作。做得太快、太慢都不好。

第三，我总结的各种考试的十六字诀法。"强化身心、优化情绪、进入状态、充分发挥"16 个字，每 4 个字提出 5 种以上的方法，下面我重点讲"优化情绪"。大家的情绪都有变化，怎么短、平、快地解决情绪问题，情绪不好怎么办？我说 5 种优化情绪的方法：第一种方法是宣泄法。把心中的压力、不满、苦闷说出去、道出去，得到别人的支持、关怀。这种方法可以是写，你看到学生进来很郁闷，让他在纸上写出来，写出来之后一撕、一扔。这种方法可以是到操场上跑，把心里的苦闷释放出来。这种方法可以是哭泣。不想说，又不愿意动怎么办？采用哭泣法，中国有一句古话，“男儿有泪不轻弹”，这句话说得太好了，说的是“不轻弹”，没说“不许弹”，该弹还要弹，该出手还要出手。心理学研究证明，一个人受到重大的压力、重大的打击、重大的痛苦，哭一下对缓解压力非常好。每年在高考前、高考中、高考后，各地考生多数将压力放在肚子里，没有释放出来，个别考生甚至最后采取自残行为来解决。当然，使用哭泣法应慎重，不能有点小事，不高兴就哭一场。第二种方法很简单，深呼吸。有人对我说，王老师，深呼吸，我会。我说，你不会，99% 的人不会，呼就呼，使劲地呼，深呼吸有两个要领：第一个要领是缓慢地、有节奏地吸气，缓慢不是快，有节奏就是有快有慢；第二个要领是缓慢地、有节奏地吸气之后，不要马上呼，要停一下再呼，呼完以后，就不紧张了。在座的代表只要把要领掌握好，你肯定比我呼得时间长。在座的人中，我可能是年龄最大的，1957 年考上大学，今年 71 岁。你们的肺活量肯定比我大，谁都是一样，只要方法得当，只要你掌握要领、规律，谁都行。我说这句话的目的，在座的教育机构的领导，要学会它，将来推广它，肯定对你机构提高成绩有好处，我们就采用简便易行的短、平、快的方法。第三种方法叫作按摩内关穴。大家找一下内关穴，先把位置找好，把右手伸出来，二、三、四指并在一起，把食指放在左手腕最前面的一条横线上，对准它量一量，第四个指头，也就是无名指压中间的地方就是你的内关穴所在位置。关键是操作方法，应缓慢、有节奏，最关键的是顺时针方向按摩 36 次，肯定有效。对什么最有效？对心慌、心乱、心烦，肯定有效果。不仅对学生有效，对家长也有效。我对学生讲，你们回家一定要告诉妈妈，因为高三学生的母亲基本上处于更年期，更年期也有浮躁。高三学生是青春期浮躁，更年期和青春期在一起，都有浮躁，两个浮躁在一起会经常顶撞。更年期的妇女按摩内关穴，最有效果。我在北京的一家医院研究了8年，更年期的女同志情绪无常，一会儿高兴，一会儿难过，所以男同志要学会照顾自己的妻子。在座的朋友可以学一学，你在上课的时候可以做，平常坐车的时候也可以做，对心慌、心乱、心烦最有效。第四种方法叫作全身肌肉放松法，怎么做呢？站着做行、坐着做也行。坐的时候要闭上眼睛，默念“头顶松”，先停两秒钟，然后再默念“面部松”，然后“后脑袋松”“胸部松”“背部松”“腹部松”“腰部松”“臀部松”“大腿松”“后大腿松”“小腿松”“腿肚子松”“脚背松”“脚心松”，默念一遍，一遍一两分钟，默念之后，全身肌肉放松，你的心态就变了，非常简便。什么时间最好呢？最好的时间是晚上睡觉前，洗澡的时候，一边淋浴，一边做这个，反复做，效果最好。淋浴、动作暗示结合起来，效果非常好，做完之后，睡一个好觉。第五种方法是积极想象法（想好事的方法）。比如高考前害怕了，这次模拟考试没有考好，我心里想想上次考好的情绪，就可以让你把当前的消极情绪驱赶掉，想想过去工作顺利的时候，得到人表扬的时候，得到嘉奖的时候，也可以对不良情绪有帮助。

这是调节情绪的五类方法，对一般人的情绪调节都有好处。

我再补充一个，最后一个方法，谁做谁有效。什么方法呢？很简单。走路的时候，挺胸抬头，步伐坚定有力，速度比平时大约快1/4。我问学生，你们考试的时候，考得好的时候是不是挺胸走？他说，是，挺胸走，还横着走呢。考得好的时候，挺胸抬头大步走。这样就是有信心。

这是我刚才讲的调整心态的4个方法。第三个叫强化身心、优化情绪、进入状态、充分发挥，仅举优化情绪的五种方法。调整心态的第四个方法叫作快速调整心态“三部曲”，可以考试用。我有一项研究，20 个影响高考成功的因素，按影响高低来排队，结果表明，考生考试中的心态在高考生活中占第一位，考生考前的心态在高考生活中占第二位，考生的学习方法在高考生活中占第三位，考生的心理素质在高考生活中占第四位，一直排到第二十位，营养在第十九位。考试时快速调整心态“三部曲”太重要了。第一步：考生考试那天，比如说 6 月几日，从家里到考场的路上，看到学生和老师都说你好，学生和老师肯定会说你好。第二步：你对监考老师说，你好。监考老师也会说，你好。这样，连监考老师都说你好，你还会不好吗？第三步：我一定会考试成功，一定会考试成功，自己对自己说。

最后，我预祝在座的老师，一祝你们的课外教育机构取得更大的社会效益和经济效益，二祝大家健美幸福！

（原载新浪教育 2008 年 5 月 23 日）

孩子厌学怎么办

王极盛

一些家长找我咨询孩子厌学或有厌学情绪怎么办？他们对此也很不理解。有的家长说，现在的孩子够幸福了，吃得好穿得好，哪儿像我们那时候，这么幸福的生活还不好好念书，不愿意念书。我们那时候，想念书念不了，因为政治运动，后来又“上山下乡”，这些孩子真是身在福中不知福啊。

有的家长说现在孩子大多数是独生子女。我就这么一个孩子，我没念大学，我把我的希望寄托在孩子身上，圆我的大学梦。可是这个孩子不争气不想学，这可怎么办呢？

有的家长说现在社会是竞争社会，孩子不上大学就缺乏竞争能力，当父母的也放不下心。想来想去，王教授我还是找你，帮我一把吧！

一、什么是厌学

厌学指的是缺乏学习动机或学习动机不足，造成对学习产生不同程度的厌烦情绪，不想学，不愿学，不想做作业，不想看书。厌学表现的程度不同，最严重的表现为上课不听课、迟到早退、旷课、回家不做作业等，最轻微的是暂时性对学习产生厌烦。

我所接受的家长咨询，孩子大多是轻度厌学，我想只要我们家庭教育得法，采取适当的方法帮助孩子，厌学的毛病是可以克服的。因此，家长要及早发现孩子的厌学情绪，采取有效措施加以矫正。家长本人不要负担过重，如果家长心理压力非常大，产生厌烦和急躁情绪，对于矫正孩子的厌学情况反而不利。

二、家长怎样及早发现孩子厌学

孩子厌学是有一个过程的。我们家长能从孩子厌学的轻微表现中察觉出来。及早采取有效措施，及早与教师取得联系，就很可能在孩子厌学的早期把这个心理问题解决好。如果家长对孩子厌学的表现熟视无睹，长期下去，厌学程度发展到严重地步再进行矫正，尽管也会成功，但是需要的时间长，效果也不稳定。

厌学的结果必然使学习成绩下降,家长可从孩子学习成绩滑坡进行观察，判断是否是厌学造成的。孩子学习成绩滑坡有各种各样的因素，特别是升入初一后，新的学习环境，老师教学方式的不适应，会造成学习成绩的滑坡。滑坡不一定是厌学造成的，但是厌学必然造成学生的学习成绩滑坡。

家长可从孩子的心理变化和学习成绩滑坡等方面综合性地进行分析，察觉孩子是否存在厌学问题。

三、孩子厌学的原因

引起孩子厌学的原因各种各样，既有客观原因，也有主观原因；既有社会原因、教育原因，也有家庭原因、学生本身原因。

1. 应试教育的因素

应试教育体制是孩子产生厌学的土壤。学生的课程多、考试多、作业多，在一定的条件下容易诱发孩子的厌学心理。我认为应试教育容易造成一些学生厌学，但并不是说应试教育必然造成学生厌学。厌学是孩子的心理问题，应试教育的弊端只是通过孩子的心态，通过孩子的内部原因才能使孩子形成厌学心理。在应试教育下，也有很多孩子没有厌学的心理问题，所以外因通过内因才能起作用。

2. 家庭因素

父母的教育方式不当，父母对孩子的期望过高，父母的不良行为等，都可能在一定的条件下成为孩子厌学的家庭因素。

有的家长对孩子期望很高。有的家长说孩子考试成绩在班里排名必须前 10 名，在年级排名必须前 50 名。尽管孩子努力学习、刻苦钻研、早起晚睡，但是考试成绩还是达不到父母的期望，依然会受到父母的批评、责备甚至打骂。有的家长看孩子学习成绩离自己的要求有距离，就会火冒三丈，说孩子不争气、没出息，这样的言行会给孩子的自信心造成严重的挫伤。父母经常如此会使孩子丧失学习的兴趣，破罐破摔，甚至导致厌学。

有的家长的不良价值观对孩子的学习动机与学习情绪产生消极影响，造成孩子厌学。

一位学生不想学习，整天贪玩，学习成绩很差，经常考试不及格。我问他你怎么对学习不感兴趣呀，他说我爸爸是大款，我爸爸说了考不上高中，考不上职高没关系，你想做什么就做什么，爸爸给你买辆出租车你去开出租也行。所以我觉得我会有出路的，我觉得现在学习太累，没劲，我就等着念完初三以后去学开车，将来做出租车司机，又能兜风，又来劲，还赚钱，何必整天学呀学呀，累个贼死，没劲。

有的夫妻经常吵架，家庭环境中的火药味儿很浓。孩子处在惊恐不安的环境中，长此以往容易导致孩子厌学。

3. 孩子自身的原因

孩子是否厌学根本原因在于自身。造成学生厌学的自身原因很多。学生的学习负担过重，造成孩子的心理压力过大，孩子的心理承受能力不强，容易被压垮，引起厌学。有的学生甚至说，学习真没劲，或者特累。

有的孩子由于学习生活单调、乏味，自己又缺乏自我心理调节，长此下去，对学习兴趣降低，产生厌学。

有的孩子是贪玩，抵不住游戏机、电脑游戏的诱惑，成为游戏机和电脑游戏的俘虏，对学习无兴趣，造成厌学。

学生心理疲劳常常是厌学的重要原因。疲劳分为生理疲劳与心理疲劳两种。生理疲劳表现为学生视力减退、食欲缺乏、疲劳无力、失眠等。学生由于过重的学习负担而产生心理疲劳，表现为学习信心不足，记忆力减退，注意力不集中，思维迟钝，反应迟缓，情绪焦躁等。

学生的心理疲劳轻重程度表现不一，重度的心理疲劳导致厌学程度严重。轻度的心理疲劳通常是短时间的，孩子只要通过适当的自我心理调整，心理疲劳消失了，厌学心理也就消失了。即使是平时学习很好、很刻苦的学生，在心理疲劳情况下也会表现出厌学的现象。例如有的学生长时间学习心情烦躁，不想做作业，看书头疼心烦。总之，心理疲劳造成的学生厌学现象很常见。

在激烈的社会竞争形势下，在应试教育的大环境下，家庭教育方式不当和学生自身的某些心理因素结合起来，在一定条件下造成学生厌学。厌学现象在不同地区、不同学校与不同班级的发生情况不尽相同。

四、如何矫正孩子厌学

每个孩子产生厌学心理的客观原因和主观原因不尽相同，因此对矫正每个孩子厌学心理的对策也不能完全一样。

怎么矫正孩子的厌学心理呢？一方面，要针对孩子厌学的具体原因加以具体分析，采取具体的对策。另一方面，从一般的原则出发，解决孩子的学习动机、学习兴趣与学习方法问题。有的孩子产生厌学主要是家庭气氛不和，家庭环境不良，家长行为存在严重问题。父母就应为了孩子的前途，克服自己的不良行为，改善家庭的环境和气氛，给予孩子温暖与理解，指导孩子解决一些学习上的具体问题，培养孩子的学习兴趣，逐渐改变孩子的厌学现象，帮助孩子克服厌学问题。

有的孩子是由于心理疲劳引起厌学。家长一方面要保护孩子学习的积极性，鼓励孩子勤奋刻苦；另一方面要帮助孩子调整学习与生活的节奏，使学习生活多样化，帮助孩子处理好劳逸结合的问题，增加孩子的娱乐时间与文体活动，消除孩子的心理疲劳，故而孩子的厌学问题也就迎刃而解了。

从一般原则来讲，只要培养孩子良好的学习动机、浓厚的学习兴趣和科学的学习方法，就能从根本上解决孩子的厌学问题。

有些孩子厌学是学习动机问题，他们不想学，不愿意学，认为学习是苦差事，累死人，很没劲。要解决这些孩子的学习动机问题，首先家长对待孩子的学习要有正确的看法和评价，要用具体的事例说明学习是为了自己的前途，为了自己将来能为社会作出贡献。要向孩子说清楚，青少年时期的时间是宝贵的，一寸光阴一寸金，寸金难买寸光阴，少壮不努力，老大徒伤悲，要把这些道理详细讲透讲清，这对孩子树立正确的学习动机会有帮助。

我对 1999 年全国高考 60 多位状元进行调查研究发现，他们都有着强烈的学习动机。他们把学习看作一种兴趣、一种愿望、一种责任，认为学习是为了明天更加快乐地生活，学习是从愚昧走向智慧的必由之路。他们也认为学习有时是很苦的，但是苦尽甘来，当你回忆过去辛勤劳动的历程，就会感到劳动带来的幸福、成就与成功，就能排除外界的干扰。

1999 年全国高考四川省理科状元张力就说，同学们找我玩电脑，我就是不玩，我就是不去。我问他同学叫你去你不去好意思吗，他说我不管，我该学习时就得学习，学习是自己的任务。

要采取有效的方法来培养孩子的学习兴趣。应试教育的弊端之一是死记硬背，没完没了的作业，容易使孩子逐渐失去学习的兴趣。目前应试教育向素质教育转变，死记硬背、填鸭式的教学方式也要得到改变。家长要引导孩子发展自己的学习兴趣，要从孩子爱学的科目入手，强化孩子的学习兴趣。

1999 年全国高考吉林省理科状元金一同学对我说，我对学习有兴趣，不让我学也不行，我有兴趣我就得学。兴趣已成为他探求知识，掌握知识的内在心理因素。

不少厌学的孩子学习方法不对头，他们既没有适合自己的学习方法，也不主动学别的同学好的学习方法，因此在题海面前束手无策，产生厌学的情绪。各门课的学习方法不同，因此家长要尽量帮助孩子总结各门课程适合孩子特点的学习方法。孩子有了正确的方法，效率就会提高，也会培养起学习的兴趣来。

一般说来，培养孩子良好的学习动机、学习兴趣与学习方法，再结合孩子的具体厌学原因加以具体处理，大部分孩子的厌学问题都可以解决。

（原载《中华家教》2002 年第 4 期）

专家提醒：暑期家教要讲究科学的方式方法

王思海

怎样科学地对孩子进行暑期教育，中国科学院心理研究所王极盛教授根据自己连续5年对全国300多位省级高考状元的访谈调查，以及多年来对3万多名中小学生的心理研究，提出了建议。

王极盛说，目前一些家长不管孩子兴趣、特长，不顾孩子的精力、体力，拼命死逼，盲目地把孩子的暑期安排得满满的，使孩子疲惫不堪，效果会适得其反。暑期家教要讲求“因材施教”“循循善诱”，反对“拔苗助长”。

王极盛介绍，学习成绩一贯优异的学生，暑期不必再参加各种补习、复习班，而应当好好利用这两个月时间陶冶一下自己的情操，发展个人的特长爱好，学习一些新的技能，提高自身的素质。

王极盛建议方案有3种：

一是参加一个兴趣培训班，学会一种运动项目。例如，参加一下陶艺、家政学习班，一来可以学习一些新的技能，二来可以锻炼自己的独立生活能力。运动项目可以是传统的游泳、篮球，也可以是新兴的攀岩、射击等。

二是参加一次游学。如果英语水平高，可以利用暑假到国外的学校进行一次交流，既可以开阔自己的眼界，也可以使自己的英语更“地道”。当然国外游学的费用比较昂贵，如果家庭经济条件一般的话，也可以选择国内游学，北京的同学可以到广州、上海等南方高校去看看。

三是进行一次旅游，写一些旅游随笔。旅游可以放松心情，也可以丰富自己的经历，趁着旅游的机会写一点东西留作纪念，增加对人生的思考。

平常学习成绩在班上处于中游的学生，可以利用暑假时间查漏补缺。王极盛介绍，家长可以根据学生不同功课学习的实际情况，或让孩子参加培训班,或聘请家教老师来提高学习成绩。例如,英语听力基础不好的学生，可以选择去报一个程度适合的英语听力班。

对于即将面临中考或高考，但目前学习成绩名列班级中下游的学生，王极盛教授建议他们可以通过暑假进行功课的“拾遗补差”，参加学校开设的补习班，针对自己的薄弱环节进行重点学习；如有可能也可以请一个家教对自己进行个别辅导。学生同时要给自己制定一张暑期学习日程表，对每天的学习内容和活动安排进行一个规划，这样可以劳逸结合，也可以有针对性地复习，并起到监督作用。

（原载新华网 2003 年 7 月 23 日）

日本家教的特点

王极盛

每个国家、每个民族都有自己的家庭教育观念与方式。我曾经在日本早稻田大学等院校进行创造性研究、中国人与日本人心理比较研究，对日本家庭教育作过观察。日本的家庭教育有如下突出特点：

一、重视礼仪教育

日本家庭教育非常重视对子女的礼仪教育。母亲做好了饭，没告诉孩子吃,孩子是不能自己先吃的。孩子在吃饭前,必先说一声“那就不客气了”。孩子每次离家或归家都有一套礼仪规矩。孩子每次出门都要和母亲、父亲说一声“我走了”,每次回家进门都要说一声“我回来了”。对日本孩子而言，文明礼仪行为已成为他们的习惯。

二、重视对孩子的自立教育

日本家庭从小就培养孩子自主、自立的精神。大部分家庭要求孩子做家务劳动，包括：吃饭前后的帮忙、烧饭，让孩子收拾整理自己的房间及身边的东西，让孩子自己去买东西等。

日本父母非常支持孩子在学校里学好烹饪、缝纫课等。在日本，孩子自己处理问题的能力、适应生活与环境的能力都比较强。

三、重视孩子抗挫折的教育

日本的小孩走路时摔跤，父母不是主动扶他们起来，而是鼓励他们自己去克服困难。在东京我家附近的小公园里，有一次我看到一个小学生在玩悬挂的游戏，由于她没有抓牢距地面两米多高的木杠而重重地摔在地上，她的父亲及姐姐都没有去扶她，而是跟她说了些什么，她的泪水含在眼里，但终于自己站了起来，又继续玩了。在日本，小学生在冬天都穿短裤，有的孩子腿冻得都发紫了，父母并不“心疼”，而是支持鼓励孩子那样做。

四、重视创新教育

日本家庭教育从小重视对孩子创新人格的培养，重视培养孩子的好奇心和冒险精神。孩子提出的各种问题，父母都尽量解答。从小就鼓励孩子提问题，鼓励孩子有独立的想法、看法。父母经常带孩子到科技馆去看书，借阅图书，玩各种创造性游戏，发展孩子的想象力。日本父母很重视对孩子动手能力的培养。给孩子买来组装玩具，鼓励孩子从不同的角度组装各种各样的模型，培养孩子的动手能力和创造性。

（原载《家庭教育》2001 年第 1 期）

第四部分　家庭教养方式

温暖与理解的魅力

李　文

在一项对北京近两万名中学生所做的调查中，研究人员发现，情感温暖与理解是目前学生们感到最为缺乏的“稀有品”。对此，许多家长十分不解：为了孩子，我什么都愿意做，而且把心都操碎了，可孩子们为什么还这样不满意呢？

就此问题，中国科学院心理研究所王极盛教授说：“这是由家长不了解子女心理，教养方式不科学造成的。”他接着说：“我们在不久前的一次调查中发现：95% 的家长没有看过心理学方面的书，72% 的家长没有看过有关儿童教育方面的书。”

王教授认为，教养方式是一门学问，有科学与不科学之分。父母教养方式大致可分为 4 种类型：一是理解温暖型，二是严厉惩罚型，三是过分干涉型，四是过分保护型。在现时家庭教育活动中，纯粹单一的教养方式不多，往往是以一种教养方式为主，其他教养方式为辅的复合方式。除理解温暖型外，其他 3 种教养方式都会使孩子感到缺乏情感温暖与理解。

那么，理解温暖型的教养方式又是什么样的呢？

刚进初中的杨晶知道自己的入学摸底考试成绩后，泪水忍不住地在眼眶中打转，自问：“第 30 名？！这是我的成绩吗？我一直不是这样啊！”回家后，妈妈发觉平时蹦蹦跳跳的女儿好像变了个人。知道实情后，妈妈搂着女儿温和地说：“妈妈觉得你能考出这样的成绩就不错了呀！”杨晶用惊异的目光看着妈妈。“考进重点中学的人都是好学生，你以前的小学教学质量与其他小学比是处于中下水平的，所以你考不过别人不是很好理解吗？暂时落后不要紧,努力就是了。”妈妈摸摸杨晶的头,“我这几天太忙了,在你摸底考试前忘了跟你谈谈。你若事前有个思想准备也不至于有现在的压力了。”一股暖意涌上杨晶的心头：“妈妈，我又有信心了！”

王教授认为，杨晶的妈妈就是比较典型的采用理解温暖型教养方式的家长。实际上，理解、情感温暖是一种心理支持与沟通；理解、情感温暖也是一种信任。父母对子女的信任保护了孩子的自尊心，就能调动发挥子女的心理潜力，产生积极的心理效应。王教授接着阐述了理解温暖型的两个特点：

第一，父母对孩子的教育应晓之以理。批评孩子以事实为依据，对孩子的缺点既不夸大，也不缩小，不强迫孩子接受父母的观点，让孩子经过自己的认识自觉地接受教育。

第二，父母对孩子的教育应动之以情。父母通过温柔的语言以及肢体动作感动孩子，引起孩子感情上的共鸣。孩子体会到父母的一片苦心，也就容易接受父母的教育。

王教授特别强调，每个孩子和父母在人格上是平等的，孩子对父母的不同意见既可以表示自己的见解，也可以充分申辩自己行为的正确性。父母与子女的谈话应该在平等、友好与和谐的气氛中进行，而严厉惩罚型的父母对孩子态度生硬，强迫孩子接受自己的观点，损伤孩子人格；过分干涉型的父母限制孩子的言行，画框框、定调调；过分保护型的父母实质是溺爱孩子。这样，即使对孩子投入再多的金钱，也不可能使孩子感到温暖与理解，更不能使孩子成长为父母所期望的人才。

（原载《中国青年报》1999 年 5 月 17 日）

过度的期望是一种超强压力

王极盛

高考热现象包括高考经济热、高考社会热与高考心理热等现象。高考热形成的原因错综复杂，既有深层的社会原因，也有经济原因与心理原因。高考热现象具有积极效应与消极效应共存的特点。对此效应要具体问题具体分析。

从心理学角度看，对高考的适度关注有助于考生提高心理素质、改善心理状态、调整考前心态，有助于考生充分发挥，有利于提高高考成绩，有利于形成良好的高考社会心理和正确的高考社会舆论，有利于营造良好的高考社会气氛。这是积极心理效应，对高考的过度关注则会产生消极心理效应。

一些家长带孩子找心理学家咨询、拨打高考心理咨询热线，不少媒体报道考前心理调适方法，反映了家长与考生已意识到心理素质与考试心态在高考中的重要作用。

心理素质教育日益受到考生与家长的欢迎。

心理素质教育是全面推行素质教育的重要部分。考生心理调适与考前心理咨询热还会进一步升温。5 月份以来，考生集体心理调节、电话心理咨询使我应接不暇。在我看来，对考生进行心理调节十分重要，而其中唱主角的应是教师。我觉得高三年级的班主任应成为考生心理调适与心理咨询的主力，这样可以使广大考生感受到考前心理调适的益处。我曾与 1999 年北京高考理科第一名第二名学生的班主任、汇文中学的谢达鸿老师及

1999 年高考北京市班级平均分 601 分的团体冠军班主任、人大附中的陈夏平老师进行过探讨，他们有很好的考前学生心理调节的经验与方法。他们的学生都因此获益匪浅。所以，班主任及老师掌握了调节学生心理的方法，就能提升考生考试稳定发挥的水平。我建议今后高考前老师不仅给学生辅导功课，也要给学生进行考前心理调节，二者同等重要。

一般说来，有的考生因家离考场较远等特殊原因，考前住宾馆是可理解的；个别考生因身体虚弱吃些营养品或吸吸氧也在情理之中。但是，考前形成“住宾馆热”“吃营养品热”等心理效应却值得探讨。一些考生对从家中环境进入宾馆环境有待于适应，而宾馆环境又与考场环境反差很大，不利于考生在考场以平常心发挥。住宾馆、吃营养品不仅给家长带来经济上的负担，它还意味着家长十分看重高考，对孩子高考期待很高，这些对考生来讲构成了一种无形的心理压力。其结果可能与家长的初衷相悖。在考试中一旦有所失误，便会形成更大的心理负担。

高考前，我在多家媒体呼吁没有特殊情况家长最好不要护送孩子上考场。我认为护送孩子上考场是过分保护式的父母教养方式在高考中的反映。我在之前出版的《让父母远离困惑》一书中，详细地分析了过分保护式父母教养方式对孩子创新意识、实践能力与考试成绩的影响。因为适度的期望是一种激励，而过度的期望就是一种超强压力。在这种超强压力之下，孩子会感到顾虑重重。今年高考期间，我曾到高考考点观察研究家长护送孩子上考场的情况。有些孩子到考点大门前，家长才把准考证交给考生，这实际上是考生对家长依赖心理的反映。而父母守候在考点外对考生而言是一种心理负担，是一种心理压力。有的考生说，我在答题遇到困难时想起自己的父母在烈日炎炎的考场外等待着我，企盼着我，心里很内疚。可以想见，抱着这种心态参加考试的考生能沉着应答吗？这自然不利于考生水平的发挥。

父母的过度保护会逐渐使孩子失去主动发挥创造性思维的机会，影响了孩子良好的个性成长，这对孩子的心智发展来说是一种障碍，使孩子过分依赖父母，唯唯诺诺，缺乏独立生活的能力。过分呵护孩子的父母可能没有想到自己的方式会对孩子的心理造成致命的伤害。今年北京考生 5 万多，估计护送考生的家长可达 10 万，这已成为一种社会现象，一种社会心态的反映，是很值得重视、很值得研究的。

本来高考是平常的事，世界上许多国家都有类似的考试，我们国家自新中国成立以来（除“文革”时期外）年年都有高考，今年媒体的宣传使一些人感觉一切要为高考让路。这对一些考生来讲已造成表面热烈而内心紧张的结果，不利于以平常心、平静的心态、饱满的热情对待高考。同时，这可能使一些考生形成高考优越感，甚至易使人误解高考才是唯一出路。

家长关注高考，社会关注高考，媒体关注高考，对强化考生的信心，稳定考生的情绪，帮助考生进入考试状态都有重要的积极心理意义。但凡事都要有度，家长的过分关心，社会的过分关注，媒体的过分宣传，则可能导致考生产生一些负面心理效应。

（原载《北京青年报》2000 年 7 月 11 日）

不想输，怎么办

王极盛

家庭教育中存在的种种误区，已引起社会的广泛关注。越来越多的家长也有所醒悟，并努力改变现状，寻求正确的家教途径。专家认为，要想改变家庭教育的现状，关键在于提高家长的素质。

一、家长要首先受教育

许多家长错误地认为，家庭教育可以无师自通。“谁不会生孩子、养孩子、教育孩子？”生、养、教都是自发的。还有些家长延续了父辈育儿的观点：“我爸我妈也没学什么，不是照样把我们培养得很好吗？”其实，教育孩子是一门很深的学问，不是无师自通，或道听途说就可以做好的。家长应该学习一些儿童心理学、教育学知识，树立正确的教育观念，掌握科学的教育方法。王极盛教授曾在一次家教会上问在场的 150 多名家长，谁看过儿童心理学、教育学图书，结果只有 7 位家长举起了手。一项“中国独生子女人格发展与教育调查”显示，69.5% 的父母没学过儿童生理发展方面的知识；79. 2% 的父母没看过儿童心理发展方面的知识；52. 5% 的父母没学过儿童教育方面的知识。这种现状与我们家长对孩子的高期望是不相适应的。

二、倡导民主理解式的教养方式

王极盛教授曾走访了 1999 年全国 60 多名高考状元，发现这些家庭的教育方式基本上是民主理解式的。这些孩子的家长在学习上要求孩子尽力而为，有多大能力使多大劲，从不增加孩子的精神压力。尤其在高考前更是设法给孩子减压：“只要努力了，考什么学校都行。”其结果，孩子没有心理负担，轻装上阵，反而能发挥正常水平，考出好成绩。此外，他们尽力为孩子提供良好的学习环境。为此，许多家长除了看看新闻联播外，很少看电视。这些学生从小到大，没有挨过父母的打骂。所谓“棍棒之下出孝子”在这些家长眼中并非真理。

王极盛教授提醒家长，要经常反省、检查自己的教育方式，从产生不良方式的原因入手，改进不足，提高自己的家教水平，并根据自己孩子的特点和实际情况，发现孩子的教育问题，“对症下药”，及时解决。

三、教育孩子“先做人”

在采访 60 多名高考状元时，王极盛教授曾向孩子们提出：“父母最关心你们什么？”

孩子们几乎众口一词：“父母教育我们做正直的人。”大连文科状元黄晓庆说：“我在学习上失误父母从不责备，但在做人上出现错误，父母却决不含糊，管教极严。”这些状元家长认为：“人做好，其他就好办。”“学习好只是一时的，而人做好却是终生的。”他们不但对子女做人教育严格要求，而且大都以身作则，身教胜于言教。浙江文科状元陈春仙说：“父母的人格力量感染了我。我的父亲只有小学四年级的文化水平，母亲没念过书，父母都是农民，他们的勤劳善良教育了我。我想，我不能改变他们的过去，但我能用我的知识改变父母的将来。所以，我就憋着一股劲发奋学习。”甘肃文科状元张瑞彩一直佩服她的父亲。她父亲是一个大厂的人事干部，从不收受别人的馈赠。他教育女儿要做正直的人、无私的人。他总是对女儿说：“做人要有志气，要通过自己的努力去获取成功。”

家长是孩子的第一任老师。正直的家长其自身的人格力量影响着孩子，使孩子学习动力比较明确，学习后劲很足。

四、与孩子交朋友

父母与子女的血缘关系决定了家长是孩子最亲近的人，但并不说明父母就一定是孩子最贴心、关系最密切的人。要想与孩子保持“亲密”的关系，父母就要与孩子交朋友。与孩子交朋友，父母就要放下家长的架子，与孩子平等相处，要求孩子做到的自己首先做到；要将孩子作为独立的个体，尊重孩子，包括尊重他的情感、他的意愿、他的选择甚至他的隐私。只有这样，孩子才会喜欢你、信任你，把你当作知心朋友，和你交流思想，而你的话也才能让孩子听得进去，并与你产生共鸣。也只有这样，你才能了解孩子的内心世界，从而真正了解自己的孩子，并有效地实施家庭教育。

（原载《中国教育报》1999 年 12 月 9 日）

孩子的火气为什么这么大

白 玮 李海青

一、家长过分保护

近年来，家长过分保护孩子这种现象非常普遍。我专门作过这方面的研究，发现造成这种现象频发的原因是多方面的。首先是家庭教育方面的原因。如今家里就一个孩子，从上到下，对孩子过分溺爱，不让他做任何事情，孩子的事情父母全都包办了。我做过一项调查，发现家长过分保护孩子的现象占 30%。这是不可取的。过分保护严重束缚了孩子动手能力的发展，其在遇到困难的时候容易采取消极的方式对待。这是其一。另外，还有很多家长从另一个方面过分干涉孩子的日常行为，给他定条条、画框框，不让他动这，也不让他干那。属于这类行为的家长大约也占 30%。由于孩子过分地处在保护和管制之下，当他们独自面对问题的时候，就束手无策。

二、孩子的个人心理健康状况

关于孩子的心理健康问题，我曾经在北京进行过一个大型调查，发现 32% 的中小学生都存在一定的心理问题，其中轻度的占 28%，中等程度的占 3.9%，重度的占 0.1%。由于心理上不健康，在对待问题的时候难免会出现一些过激行为。这也跟这些年来学校忽视心理健康教育有关。

三、暴力因素对孩子的影响

目前造成孩子动不动就要去伤害别人的这种现象，也有来自社会方面的原因。社会上暴力事件的发生以及黑帮势力对校园的入侵都对孩子的成长造成严重的影响。影视剧中的暴力镜头，电视、电脑游戏中的血腥场面也都严重污染着孩子的心灵。孩子越看心里就越暴躁，越躁动不安，动不动就想自己试一试。所以，我认为，目前我们很有必要严肃文化市场，并出台相应的法律法规。

四、如何培养孩子的心理承受力

首先，从心理教育入手，我认为，第一要实行“养成教育”，第二要实行“感悟教育”，第三要实行“体验教育”。心理教育不是说他几句，教给他几个道理，背几个问题就可以解决的，要使他养成习惯，感悟到、亲身体会到。其次，还必须推行挫折教育，培养孩子的抗挫折能力和适应能力。再次，孩子不能没有负担，适当的负担能培养孩子的韧性和毅力。最后，我主张，要让孩子多参与一些力所能及的有益的社会活动，能力在活动中就会得到很好的培养。

（原载《北京晚报》2001 年 5 月 21 日）

我国 2/3 家庭教育方式不当 博士生导师开出家教良方

庞永厚

家庭教育是每个家庭的一本“难念的经”，更是时下备受关注的社会热点问题。令人担忧的是，据中国科学院心理研究所教授、博士生导师王极盛对北京 1800 多名学生家长实证研究得出的结论，竟有 2/3 的家庭教育方式不当。在这项调查中，过分保护和过分干涉型的家长分别占 30% 左右，严厉惩罚型的占 7% ~ 10%，而真正属温暖、理解、民主型的家长仅占 30%。不当的家教方式限制了孩子良好人格的形成和智力的发展。

针对这种情况，王教授给家长们提出以下 4 点建议：

其一，做人教育是家教核心。教育孩子做一个善良、正直、无私的人，将影响孩子的一生。王教授对北京大学和清华大学 60 多名高考状元做过调查，结果发现，几乎所有家长首先要求他们做一个正直无私的人，而且，家长们的言传身教和人格力量对他们影响很大。他们中许多人坦言，高考的成功来源于良好的家教带来的精神力量。

其二，摆正早期智力教育和做人教育的位置。许多家长热衷于对孩子进行智力开发，殊不知，培养孩子形成良好个性和独立性和协作性，以及善良、无私的品质更为重要，否则，孩子的智力发展将后劲不足。

其三，对孩子教育要讲究平等性。对于家长来说，孩子不仅是血统上的亲缘关系，而且是具有独立人格尊严的朋友。家庭教育既不能过分保护溺爱，也不能粗暴干涉，更不能严厉惩罚，而应循循善诱，以心交心，尊重孩子的选择，充分发扬民主。否则，孩子很难形成健康完整的人格。

其四，注重创新心理素质培养。创新心理素质包括人格创新、意识创新和能力创新。21 世纪是知识创新世纪。创新心理素质的培养应从家教开始。特别是要培养孩子的创新人格，鼓励孩子积极进取，追求真理，有主见、有独立思考能力。激发孩子的发散性思维，培养孩子的好奇心和创造力。

（原载《生活时报》1999 年 11 月 21 日）

思想政治工作的心理方式

王极盛

从心理学角度看，思想政治工作的心理方式很多。教育者对受教育者进行思想政治工作时并非使用一种心理方式，而是多种心理方式并用。为了研究方便，我们逐一讨论一些思想政治工作的心理方式。

一、解释

解释是教育者对受教育者进行思想政治工作常用的一种心理方式，也是一种基本的心理方式。

教育者通过解释向受教育者讲明道理，使其消除顾虑，解除其疑虑和紧张情绪，使受教育者建立信心。解释产生的心理效果不仅取决于教育者的解释水平，而且也取决于受教育者的心理状态。

为了提高解释所产生的心理效果，教育者要努力做到下列 3 点：

1. 充分了解受教育者的思想问题与心理状态。这是解释是否获得心理效果的前提条件。

2. 教育者进行解释时，态度要和气。教育者找受教育者谈话时，有的受教育者会存在防御心理，留有戒心。教育者态度和气，以同志式平等的态度谈话，有助于消除对方的防御心理。

3. 解释要讲究方式。照本宣科，使人发腻生厌。解释要生动活泼，语言通俗易懂，增加心理接受度。

二、劝慰

劝慰是教育者对受教育者给予劝导抚慰。受教育者遇到困难与挫折，例如患病，亲友病故，可能心境抑郁，心烦意乱，情绪低落。教育者进行思想政治工作应首先进行劝慰，使受教育者心理上得到安慰，产生温暖感，逐步消除消极的情绪。为了获得劝慰的应有的心理效果，教育者要有真诚的态度，要富有同情心。

三、说服

说服是思想政治工作最常见、最基本的一种心理方式。教育者通过摆事实，讲道理，使受教育者心悦诚服地接受某种正确的思想、正确的观念等。

说服可分为个别说服与集体说服两大类。个别说服是教育者与受教育者谈心式的个别谈话。个别说服对解决个人的具体的思想问题与认识问题是一种行之有效的方法。集体说服是对一群人进行说服教育。它的具体形式如报告、座谈会等。集体说服对解决群众普遍性的思想问题与认识问题有效。相较于前两者，把集体说服与个别说服结合起来的教育方式产生的心理效果明显。

四、示范

在思想政治工作中，教育者以自己的思想、感情与行为对受教育者的思想、品德、行为施加积极影响。

教育者的示范对受教育者有很大的说服力与影响力。示范在思想政治工作中的心理效果大小取决于受教育者的威信高低与以身作则的程度。教育者的威信越高，对受教育者产生影响越大。一批英雄人物在群众中享有较高的威信。他们的报告打动听众的心弦，使群众受到生动而深刻的共产主义教育。

五、鼓励

鼓励是思想政治工作最常见、最基本的心理形式。奖励是鼓励的一种常见的形式。对某方面作出成绩的人的赞扬与好评，能激发人们更大的干劲，创造新的成绩。奖励有物质奖励与精神奖励，它们都能强化人们的好思想、好作风、好行为。

赞许是对人们的好思想、好行为、好成绩的肯定和赞同。思想政治工作者对职工的思想进步、工作成绩，特别是后进职工的进步，甚至是微小进步都要表示赞许，强化他们的好思想、好行为。

期望也能起鼓励的作用。对职工思想、工作、学习提出希望与要求，就能增强他们的信心，增加他们克服困难的决心，为实现新的战斗目标而努力奋斗。

六、模仿

模仿是对榜样的一种效法，是模仿者对被模仿者的心理与行为发生的反应。模仿是一种社会心理现象，它不同程度地存在群体之中。模仿的发展趋势是从无意识、不自觉地模仿，走向有意识、自觉地模仿。

模仿的产生既与被模仿者的榜样特点有关，也与模仿者本身的心理特点有关。榜样的生动性、权威性、形象性、情结性、可接近性等易于引起模仿。

思想政治工作者在工作中要善于经常给受教育者树立各个方面的榜样，以榜样形象鼓励与指导他们。榜样的力量是无穷的。榜样能在心理的各个方面，包括观念、感情、信念、信仰、理论、世界观、意志、性格等，给予受教育者以影响。思想政治工作者要善于在本单位树立榜样，使受教育者模仿的榜样具有亲切感、相似感、可比感，学起来更有劲头。

七、服从

服从是按照社会要求、组织纪律、团体规范、别人的意志而作出的行为。人人都要遵守国家的宪法和各种法律。在战斗中服从命令，听从指挥。很多人都是自觉地服从，但在某些方面可能是被迫地服从，被迫服从形成习惯之后也就变成自觉地服从。思想政治工作是以说服教育为主，但在一定的条件下必要的服从也是不可缺少的，二者相辅相成。

八、暗示

暗示是人类的特殊的心理现象。暗示是人的语言与行为或某种事物使人无批判地引起迅速的心理影响。语言、手势、表情、动作或某种事物、某种情景都可在一定条件下起着暗示的作用。暗示可对人的感觉、知觉、思维、记忆、情绪、意志、行为等发生作用。

在思想政治工作中暗示发生的心理效果既与暗示者本人的条件有关，也与受暗示者的心理特点有关。

暗示者的年龄、知识、地位、威信等因素对受暗示者的心理效果有相当影响。一般地说，年龄越大的人其暗示的心理效果越好，因此要充分发挥老干部、老知识分子、老工人、老农民、老服务员做思想政治工作的心理效应。在群众中享有高威望的领导者、学术权威，他们的一句话、一个动作都可能对别人产生心理影响。因此要充分发挥有威望的领导者、学术权威做思想政治工作的心理效应。

九、感染

感染是集体成员的思想，特别是情绪对他人施加影响的心理方式。在集体中，情绪感染对人的思想与行为起着很大的影响。一个集体领导的情绪状态对集体成员或非正式团体成员都发生较大的感染作用。领导者、管理者的饱满的情绪、火热的工作热情、激昂的感情将迅速地感染集体成员的情绪，使群情激昂，士气高涨。如果一个集体的领导者遇到挫折，情绪低沉，灰心丧气，往往对集体成员产生消极的感染作用，使集体成员士气低落。

十、社会舆论

社会舆论对人的思想、观念、感情、意志、信念、理想、行为都会产生很大的影响。社会舆论是一种社会心理现象，它对人们的思想与行为产生一种无形的心理压力。思想政治工作者要充分地利用社会舆论，提高职工的集体主义、爱国主义、共产主义道德水平，向职工提供健康的精神食粮。

（原载《科学报》1985 年 11 月 17 日）

第五部分　如何帮孩子考大学

家有考生之父母攻略

李 莉

每个成功孩子的背后都有一个合格的家长。但这个家长未必有什么轰轰烈烈的过人之处。

一、贝多芬的爸爸不是音乐家

很多人认为高考佼佼者的父母一定都是文化程度很高的知识分子，但是王极盛教授调查的结果却与这种想法截然相反。2000 年考入北大的 51 名状元中，父亲文化程度为高中的占 36.9%，父亲文化程度为初中的占 26%；母亲文化程度为高中的占 49%，母亲文化程度为初中的占 21.5%。而且状元父母也并非都是白领阶层，父亲的职业以工人居多，占 34.7%，其次为中小学教师、干部、个体职业者、农民。母亲的职业占比例最大的也是工人，其次是会计、医生、教师、农民。

同时，王极盛教授对 1999 年高考的 61 名状元和 2000 年高考的 74 名状元进行了访谈和研究。2000 年考入北京大学的状元共 51 名，27 名女生，24 名男生，其中家在农村的 10 人，占总数的 19.6%；家在县城的 12 人，占总数的 23.5%，51 人中 11 人来自普通中学。

状元和状元的家长都是普通人，但是他们能成功。贝多芬的爸爸不一定要是音乐家。

二、家长对心理关心得太少

高考考场门口里三层外三层翘首企盼的家长，这一幕已经成为每年高考日的标志。“你为什么来送孩子？”“不放心。”“别人都送，我不送显得我对孩子不关心。”站在门口的父母都有自己的理由，但是他们没想到这样做只会给孩子增加心理负担。一位考生曾经说：“考场上我有一道题不会做，立刻感到很紧张，因为想到爸爸妈妈还在考场外面等我的好消息。”

王教授的研究发现，在造就高考状元的 20 个因素中，重要性排在首位的是“考试中的心态”，排在第二位的是“考试前的心态”，可见心理素质对学生成绩的巨大影响。根据王教授的量表调查，大约 30% 的学生有不同程度的强迫症现象。他们担心不该担心的事，做不该做的事，他们明明知道不对，但是却控制不了，例如一道题检查了 3 遍还是担心会错。一个合格的好家长必须是心理调节的专家。

但是与经济相比，家长们对孩子的心理状态似乎关心得太少了。他们想方设法为孩子创造“良好”的环境，买各种各样的营养品，甚至到宾馆包客房。他们也许想不到，在高考状元中，有的人中学六年从没吃过冰淇淋，有的家里只有六分菜地。

父母对孩子的学习总是有操不完的心：没考上重点大学怎么办？孩子玩电脑怎么办？学习不上心怎么办？考不上大学怎么办？“我们的家长担心的东西太多，以至于在教育方式上有了偏差。”王极盛教授说，“现在很多父母的教养方式都存在问题。中国很多家庭存在过分保护、过分干涉等诸多不良的子女教养方式。爸爸妈妈们要么一切包办，要么企图左右孩子的认识和意志。但是 21 世纪需要的是有自主性和独立思考能力、自学能力的人，父母这样做不仅影响孩子的心理健康，也阻碍了创新心理素质和人格的发展，而这些与学习是有紧密联系的。”

三、成功家教的六大秘诀

通过对状元家庭的调查和访谈，王极盛教授总结了成功家教的六大秘诀。

1. 做人教育是成功家教的灵魂。王教授在访问 60 多名高考状元时，给他们提出一个相同的问题：“你的父母最关心你什么？”他从每个人那儿都得到一个相同的答案，这个答案不是“学习”而是“做人”。“这就是成功的家庭教育和不成功的家庭教育的根本区别。”王教授分析，“状元父母们抓住了育人的‘纲’，纲举目张，只要做人做好了，其他问题都好解决。”

2. 父母的表率作用。状元的家长大多文化水平不高，但他们用自己的行动教育孩子尊重知识、尊重劳动。考入北京大学的辽宁省文科状元黄晓庆说：“我家经济条件并不富裕。爸爸每月 800 多块，妈妈每月才 290 多块。我们家根本没装修过，这在大连已经很少见了，家具也是爸爸妈妈结婚时的，但是我家里有很多很多书。所以我想，未必做大款的女儿就幸福，我觉得我现在就很幸福。”

3. 尊重孩子的人格。“孩子不打不成器。”很多家长对这句话坚信不疑，但是王极盛教授的调查却显示，状元们基本上都没挨过打，甚至挨骂的都不多。新疆高考第一名唐伯贤说：“我要感谢我的父母，18 年来他们为我创造了一个非常自由、非常广阔的发展空间，他们不强求我干什么，一切都以我的喜好为基础，他们甚至不限制我看电视。他们充分信任我的自觉性。”王教授说：“正是父母这种对孩子的尊重使他们发挥出自己的潜力。”

4. 民主的家庭教育方式。状元们的家教大都是温暖、民主式的。民主宽松的家教氛围有助于孩子个性的充分发展和学习潜力的发挥。这些孩子有个性有见解、独立思考能力强并且尊重他人、乐于助人。

5. 不给孩子学习的压力。“你数学考了多少分呀，语文考了多少分呀？”“报志愿不许报某某专业”，这是家长们最容易说的话，但是状元的父母从不这样说。王极盛教授从研究中总结出状元家长对待孩子学习的几个特点。首先是相信孩子学习的自觉性，尊重孩子的学习兴趣，不强行让孩子学这学那。其次是不给孩子定“学习指标”，从不规定每门课考多少分，也不规定必须考上什么学校。最后是考前不给孩子加压，告诉孩子“只要尽力就行”。

6. 从小培养孩子的好习惯。王教授曾对 1560 名中学生的学习习惯进行调查，发现 72.8% 的孩子受到不良学习习惯的影响。高考状元们都有良好的学习习惯，而这些习惯的培养是从小开始的。有的孩子一年级就开始写日记，有的从小就背唐诗。“学习的感觉要早培养”。

（原载《北京日报》2001 年 9 月 30 日）

高考状元的家教秘诀是什么

鱼朝霞

高考状元的家教秘诀是什么？ 哪些因素对孩子的成才很重要？是状元就一定是人才吗？什么是创新教育？什么是创新人格教育？如何才能使孩子顺利走上成才路？……

王极盛老师是人才学专家，对培养孩子成才很有研究，请看他是怎么解答有关人才培养问题的——家长更需要得到教育指导。

鱼朝霞（以下简称鱼）：王老师，您是心理学家、教育家、高考状元研究第一人，接触、走访了大量的家长和孩子，请问，您对当今的家教现状有何评价？

王极盛（以下简称王）：据我调查、分析，目前的家庭教育普遍存在以下 4 种情况：

第一，有 30% 的家长属于过分保护、包办替代型。这些家长，衣服不让孩子洗，家务劳动不让孩子做，什么困难、委屈都不让孩子经受。他们从小就给孩子灌输的是：“宝贝，只要你学习成绩好，父母什么都能替你做。”

我在一所著名大学的新生入学处看到，一些家长把孩子送到学校后，还要陪孩子在学校待一段时间。我问这些家长，为何还不回家？这些家长说，孩子习惯了饭来张口、衣来伸手的生活，他们不会洗衣服，不会自己料理自己，还得在这里帮他们料理料理。我说，你们帮得了一阵子，帮得了大学四年吗？为什么不早点教会孩子做这些事呢？这些家长说，孩子的学习不是一直都很紧张吗？

这些家长不知道，他们的过分保护、包办替代严重束缚了孩子的自我意识、独立意识的发展，使孩子很可能成为一个除了会读书，别的什么都不会的读书机器。

第二，有 30% 的家长属于过分监督、过分干涉型。这些家长习惯给孩子画地为牢，命令孩子干这干那，不给孩子任何思考的余地。这种家庭的孩子，没有选择权、隐私权、发言权，连发展自己兴趣、爱好的权利都没有。这就严重束缚了孩子独立思考、自主创新能力的发展，使孩子的生存空间受到了很大的限制。

第三，有 10% 的家长属于严厉惩罚型。这些家长信奉的是：哪个孩子不挨打？打是亲，骂是爱，孩子不打不成才。

在北京的一次演讲中，我问在座的 100 多位家长：从来没打过孩子的家长，请举手。当时，仅有两位母亲举起了手。我在北京某中学为 280 位高三同学讲课时，问他们从小到现在谁没挨过父母的打，举手的只有 8 人。

从传统家庭走出来的家长不知道，现在在打骂声中长大的孩子，长大后很容易出现两种情况：一种情况是孩子唯唯诺诺，胆小怕事，一事无成；另一种情况是孩子极为野蛮、残忍，很多少年犯都是出自这样的家庭。

第四，有 30% 的家长属于温暖、民主型。在这种家庭长大的孩子，个性能得到充分的发展，学习潜力能得到充分的发挥，独立生活能力能得到充分的锻炼。孩子从家长身上学到的是文明、礼貌、平等、博爱，因为尊重别人，所以也能得到别人的尊重。很多德才兼备的人才，都是出自这样的家庭。

由此可见，目前的家教状况不容乐观，有 70% 的家长没有达到合格家长的水准，他们还需接受多方面的教育、培训，才有可能胜任家长的角色。

高考状元的家长们有哪些家教秘诀，下面由王教授为大家揭秘。

鱼：您采访了三四百位高考状元，走访了近百位状元家长，从这些状元及其家长身上您获得了哪些家教秘诀？

王：秘诀一：教孩子做人比要孩子考第一更重要。

很多家长把自己的主要精力放在了提高孩子的学习成绩上，天天叮嘱孩子好好用功，争取考高分。我问那些高考状元，你们的家长最关心的是你们的什么？很多状元异口同声地说，父母最关心的是他们的做人。

1999 年全国高考辽宁省文科状元黄晓庆说：我考试成绩不满意，父母不会责怪我，但我做人出现问题，爸爸妈妈会严厉批评我，对我进行教育。

做一个正直善良的人，生活有方向，有目标，学习才有动力，有自觉性。正直、善良的人运用高新技术会为人类造福，邪恶、自私的人运用高新技术却会给人类带来灾难。所以，家教的核心应该是做人的教育。

秘诀二：父母的表率作用很重要。

状元的家长大多文化水平并不高。他们教育孩子并不是讲大道理，而是以身作则，言教与身教相结合。1999 年浙江省文科状元陈春仙的爸爸只有小学四年级文化程度，母亲不识字，但他们非常勤劳、勇敢，总是以坚忍不拔的精神面对困难。他们的人格力量给了陈春仙很大的影响。陈春仙觉得父母非常了不起。父母这种人格力量一直鼓舞着她发愤图强、刻苦学习，使她最终取得了优异的成绩。

秘诀三：尊重孩子，信任孩子，给孩子营造温暖、民主的家庭氛围。

多数状元家长都没有打过孩子，他们都很尊重孩子的个性和人格，尊重孩子的兴趣、爱好和特长，相信孩子的学习自觉性。他们既不将孩子的事情包办替代，也不对孩子的学习过分干涉。高考前，状元家长不是给孩子加压，而是给孩子减压。他们一般都会对孩子说，只要尽力就可以了，考成什么样是什么样，父母绝不责备你们。父母的话使他们轻装上阵，超水平发挥，从而取得了状元的成绩。

秘诀四：好习惯决定好成绩。

我曾经对 1560 名中学生进行了不良学习习惯对学习成绩影响的调查。调查结果表明，不良的学习习惯对学习成绩不影响者占 27.2%，有影响者占 72.8%。其中不良学习习惯对学习成绩有轻度影响者占 32%，有中度影响者占 20.1%，有偏重影响者占 13.2%，有严重影响者占 7.5%。

我曾经问 1999 年北京理科状元杨颂的母亲宋兰英女士：你是怎么教育孩子的？她说：从小就培养孩子的好习惯，从小学一年级就开始让孩子写日记，把重要的事、有意义的事记下来。这种记日记的习惯养成后对他的学习很有好处。另外，还培养他自己检查自己的作业、有了问题自己改正的习惯。这个孩子遇到什么困难都是自己解决，他的这种习惯就是从小培养起来的。

不少家长就重视孩子每天认多少个字、背多少首诗、做多少道题，而对培养孩子的好习惯却不加重视。他们看见孩子边吃零食边看书，边玩边做作业，却视而不见、听而不闻，使孩子养成了学习不专心的习惯。他们不知道，培养孩子的好习惯比每天教孩子认多少字、背多少诗都重要。

（原载《家长必修的 21 堂教育课》，中国妇女出版社 2007 年版）

如何帮助孩子提高 100 分
——“中国高考研究第一人”王极盛教授高考专题讲座

王极盛

经过近年来对高考状元的调查研究，王教授总结发现了高考复习 10 大策略，确保每个月提高 15 分左右。

一、小步子，大目标

第一步，找出每门课需进行查漏补缺的问题。第二步，自己做老师。有 4 点建议：

1. 不要自我加压。我发现同学们的压力都是自我加的，自己给自己找麻烦。我 10 月份到淄博讲课，我说：同学们，你们的课桌有 3 尺多高吧？有同学说：王老师，不对，有两尺高。我说，我到班里发现桌子上有 1 尺高的学习材料，我看见都头疼。什么时候做完！

2. 鼓励自己高三多参加考试。特别是春节以后考试更加频繁。老师干吗要考试呢？那是叫你巩固，叫你进入状态。我访谈过很多省级高考状元，考到北大清华的，他们说，高考是什么？高考就是平时的考试。平时各种考试我都参加，那我高考时很快就能进入状态，没有一点紧张，你平时没有什么考试，到考场上你就应付不了了，紧张得不得了，所以要鼓励自己多参加考试。

3.“生活节律化”，保证你的生理节律、心理节律稳定。我总结过一个考生的经验，他从初中一年级到高三，每年买一个小本，每天除上学之外，几点做什么，有个计划，做了几样画个钩。每天大部分事情做完，非常高兴，节律绝对比较平衡。他本科在北大，已经念完了，硕士在美国加州大学，也念完了。记录本太有用了，心态平和也很重要，规律就是规律，有的同学紧张的时候，一会儿做物理，一会儿又做化学，节律给做乱了，我们一定要有条不紊。

4. 大考前，特别是高考前一星期，每天适当做卷子。做什么卷子呢？做过去做过的卷子，一做就会，一做就有信心，不要再做难卷子，不要再做新卷子。

二、抓住课堂 45 分钟

具体操作方法：第一，上课时眼睛盯住老师两眉之间。第二，跟着老师思路走，老师讲到什么地方你就跟到什么地方，有的时候跟不上去是很自然的，跟一会儿就跟上去了。就怕你跟不上去听不懂就不跟了。考上北大、清华的学生也有跟不上去的时候。坚持就跟上去了，就怕不跟。第三，完成老师布置的作业。

三、解决偏科问题

高考是看总分的，就怕偏科。有的学生语文好，考 140 分顶天了。数学考 30 分，一下子就下来了。高考的几门课要平衡发展，有点差异是正常的，但不能差太多了。

四、固强补弱

每个同学都有强项、弱项。强项再巩固一下。比如数学强项，高考要拿高分，弱项要注意多花时间补上去。弱项提高速度快。假设数学 145 分，要想考 150 分，难上加难。数学若 100 分，再提高 10 分相对比较容易。弱项多花时间，这是个策略。

五、抓紧抓好每天每人的两个最佳记忆时间段

无论大人小孩，每天有两个时间段记忆最好，一个是晚上睡觉前半小

时，一个是第二天早晨起床时半小时。理论我就不讲了，只要做，就有效。从今天开始，晚上睡觉前，把老师当天讲的重要知识点在脑袋里过过“电影”，强化一下；第二天早晨起床后，再利用这个办法把知识点强化一次，一个知识点经过两次最佳记忆时间段的强化，基本上就记住了。

六、努力与效率并重

高三这一年不用功，不可能考得好，但是也不能死用功。要注重效率，这个不能忽略。另外，题海战术，也要重视一下，但死记硬背肯定不行。高考不下功夫是不行的，不要听别人宣传高考状元特聪明，那些学生都是用功出来的。

七、文理科交叉复习

谁这样做谁提高成绩，现在有的孩子爱犯一个毛病，自己是理科考生，回家复习时，第一门课复习数学，第二门课复习物理，第三门课复习化学，理科接着理科复习，学习效率肯定打折扣，文理科交叉复习最好，比如今天晚上第一门功课复习数学，第二门课找一个文科的，如英语，第三门课复习一门理科的，第四门文科的，文理交叉复习，谁都能提高成绩。

八、跟着老师走

在学校特别是名校，你跟着老师的步骤走，没错！老师布置的，结合自己的情况来做，老师没布置的，家长不要给孩子买复习资料，你买就是帮倒忙了。

九、学会放弃，以退为进

退一步，进两步，叫作学会放弃。学会放弃包括两种，一种是平时学会放弃，另一种是高考时学会放弃。 高考不要求你考满分，没有一个考生考 750 分的，包括上北大、清华的，没有。高考时要学会放弃，有的考生犯这毛病，高考一看分多，就做那道题，这当然是难题了。难题可能需要较多时间，我们可以先暂时放一放，去做容易得分的题目，最后攻克难题，先易后难，以退为进，争取获得最多的分数。

十、首先做好简单题，其次是中等题，最后再去做难题

高考靠什么取胜？就是靠简单题、中等题。无论是成绩好的、差的、中等的，都是这个策略。一个考生，成绩差的，你把简单题都做了，中等题做一做，500 多分没有问题；一个中等考生，你把简单题都做了，中等题做大多数，你的成绩就 560 分、570 分；成绩好的考生，你把简单题、中等题都做了，难题再做做，600 多分。

建议学生把高考十大策略掌握好，再提高 100 分，是完全有可能的。

（原载《好爸好妈》2009 年第 1 期）

怎样做好高三家长

王极盛

从孩子进入高三到高考之前，家长该做什么？

作者王极盛连续16年研究高考，访谈400多名高考尖子生及其父母，总结高考成功规律。《孩子上高三　家长怎么办》中以大量实例阐述了家长该做什么，不该做什么，如考生家长的误区，家长怎样帮助孩子复习功课，家长怎样帮助孩子填报志愿。书中提示家长可操作的具体步骤与可行措施，如高三寒假、一模前后、考前半月、考前一天、考试过程等重要时期，家长该怎么办；也讨论了高考后考上大学的考生家长怎么办，没考上大学的考生家长怎么办，特别讨论了复读生的家长怎么办。

王极盛提出，高考考生最大的压力来自家庭，很多考生明确表示害怕考不好使父母失望。很多家长容易陷入5大误区：过分关爱、过分监督、过分期待、只言教而不身教、忽视心理健康。这些家长处于干着急、瞎帮忙、帮倒忙的状态。帮助考生家长摆脱这种状态，使家长掌握高考成功规律、掌握高考成功家教规律，无论学生成绩好坏，家长都能通过成功家教提高孩子的心理素质、掌握科学的备考策略、掌握填报志愿的科学方法、提高高考分数，这也是本书的宗旨。

本书作者王极盛教授，是中国科学院博士生导师、国务院政府特殊津贴获得者，我国著名心理学家，现任中国心理咨询师协会理事长等职务。

（原载《参考消息·北京参考》2011年10月18日）

九成高考生压力来自家庭

李　莉

2008 年高考报名即将开始。

1 月 4 日参加 2008 年高考的学生就将开始高考报名，很多学生家长开始焦虑不安。但高考专家王极盛提醒家长，这时候不能给孩子施加压力。调查显示，九成的高考生感到压力主要来自家庭，而压力大小直接会影响学生的高考发挥，不同心态下考试，成绩上升和下降的幅度最多相差高达 400 分。

对高考状元进行了 11 年研究的王极盛教授说，很多家长并没有掌握高考的“规律”:“实力 + 心态”才能高考成功。实力是硬件，心态是软件，二者缺一不可。但现在大多数家长都把注意力放在“硬件”上,忽视了“心态”这个重要的“软件”。王极盛对考生的调查显示，九成的考生感到最大的压力来自家庭，而学生在有压力和没有压力的情况下，考试成绩会有天壤之别。2002 年北京的理科状元考了 704 分，而他在一模的时候考分仅为 500 多分。这位考生后来总结成功经验时说，就是因为爸爸妈妈没有给他任何压力，他才能越考越放松。在一模之后爸爸告诉他，即使清华落榜了还可以上北工大，只要上了大学就是胜利。有了家人的理解，考生不再有顾虑，二模时分数超过了 600 分，正式高考更是考出了 704 分的超常成绩。另一个相反的例子是，一名考生第一年高考以一分之差与清华失之交臂，复读一年后再次高考却因为心理负担过重，只考了 370 分，比复读时模考的成绩低 300 多分。心态好坏，考试发挥结果可相差 400 多分。

（原载《北京晚报》2007 年 12 月 25 日）

高考前家长做好5件事

王极盛

一、创造良好家庭气氛

三四月份家长要情绪稳定。父母之间和睦、亲热地相处，使家里充满温馨的气氛，以此来感染孩子的情绪。父母之间有什么争议，尽量避免在孩子面前争论。这期间也尽量减少会客，天气暖和了，晚饭后父母不妨出去散散步，让孩子能有一个安静的环境专心致志地复习功课。

二、关注孩子心理健康

在紧张的复习过程中，孩子难免出现这样那样的心理问题，例如浮躁、紧张、郁闷等，家长要给孩子排忧解难，增强信心，多跟孩子商量、交流，不要训斥、命令。

三、多与老师交流沟通

三四月份，家长有机会应与班主任和任课老师沟通，特别是与弱项课程的任课老师多交流，有助于老师掌握孩子在家里的心态和复习情况，从而使老师更加有的放矢地帮助孩子复习好功课。但千万要注意，不要让孩子感觉到家长是在向老师打小报告，这样反而影响孩子与家长的关系。

四、关心起居饮食睡眠

帮助孩子养成起居饮食睡眠相对比较规律的时间表，形成一个良好的生理节奏感与心理节奏感。在吃饭的时候不要看书，也不要激烈争论一些问题，睡觉前不要看一些有刺激性的电视节目，这样有助于孩子在良好的心理节奏下提高复习效率。

五、收集填报志愿信息

我觉得三四月份家长对孩子最能帮上忙的是收集孩子报考志愿的有关信息，为 5 月上旬孩子报考志愿做好充分的信息准备。家长可以从《北京晚报》等高考专刊、各高校招生办、市内各学校和北京市各高校的报考咨询渠道获得报考志愿的信息，整理出来，融会贯通，充分把握当年报考志愿的形势和有关招生规定，特别要彻底搞清楚某某大学是否真正招收第二志愿考生，为孩子高考时填报志愿做好充分的准备，使孩子填报志愿时心中有数，判断正确，选择准确。

（原载《北京晚报》2003 年 3 月 19 日）

考生要有好心态　家长做到“五不要”

王极盛

考生家长的一言一行都会通过暗示、模仿、感染等心理机制，直接或间接影响孩子的心态和复习质量。要帮助孩子调整好心态，总的原则是家长要努力做到言行有利于孩子的心态调整，有利于孩子的复习效果。三四月份家长应该做到“五不要”。

一、不唠叨

不少家长特别是母亲经常唠叨孩子，千遍万遍嘱咐，不要马虎。总给孩子讲：“高考快到了，今年又是提前一个月，抓紧时间，不要松懈。”据我了解，现在的考生最烦什么呢？最烦家长唠叨，特别是母亲唠叨，同样的语言天天重复，孩子感觉厌烦，从而引起不愉快的情绪，影响孩子的复习效果。

二、不许愿

有的家长为刺激孩子的学习积极性，以许愿的方法来进行：宝贝儿，你考好了妈妈给你买台什么什么电脑。儿子，你考好了，暑假让你到南方去旅游。我建议家长不要用许诺的办法去刺激孩子的积极性，孩子有学习的自觉性、有学习的责任感，他就会积极学习的，用许诺的方法刺激孩子的积极性往往弊多利少。

三、不威胁

有的家长或明或暗地用威胁的办法来让孩子好好复习，有的甚至说，考不好你知道你的后果是什么，你就会成为打工仔。其实这种说法很不合适，既会打击孩子的自尊心，又会造成孩子的心理压力，增加孩子与父母的心理隔阂，不利于良好心态的建立和高考的复习效率。

四、不盲目买教辅材料，不盲目报辅导班

有些家长好心，没与孩子商量就自我做主，买了很多教辅材料。有一个考生告诉我："王老师，星期天我爸爸从书店买了七八套高考的复习试卷，我一看，心里就发蒙，心里就着急，老师的作业还没做完，又来了这些东西怎么有时间做呢？越想心里越害怕。"还有些家长没与孩子商量就盲目地报辅导班，孩子不愿意去，造成矛盾，影响孩子的情绪。孩子的当务之急是把课本学好，把课堂上老师讲的东西消化好，把基础打好，这样才能稳定情绪，平和心态，增强信心。

五、不特殊照顾孩子

三四月份以来，有不少家长会以特殊的方式来照顾孩子的生活和学习。其实这不利于孩子以平常心来对待高考，会增加高考的紧张气氛，造成孩子焦虑、不安。在家里，吃饭的时候不要过多地同孩子议论高考的事情，避免增加孩子的心理负担。

（原载《北京晚报》2003 年 3 月 6 日）

王极盛告诉你：如何让孩子分数考得更高一些

常艳春

高考成功的规律是：知识水平是高考取得成功的基础，考生良好的心理状态是高考水平发挥得好的重要保证。状元们的成功主要是因为能以平常心对待高考，同时，学习成绩与心理状态二者全优。

高考已经逼近，为了使广大考生轻松上阵，笔者对中国科学院心理研究所王极盛教授进行了专访。王极盛教授是心理学家，1996 年开始研究高考心理，1999 年开始研究高考状元，被誉为“高考心理研究第一人”“高考状元研究第一人”。今天，他为最后冲刺高考的莘莘学子支招，定会给大家带来意想不到的收获。

常艳春（以下简称常）：您多年致力于高考心理素质方面的研究，您是怎么看待应试能力这个问题的？高考有什么规律？

王极盛教授（以下简称王）：我总结高考的成功规律是，高考成功 = 实力 + 心态。确切地说，良好的心理状态是高考成功的一半。掌握好高考规律，高考一定会成功；违反高考规律，就要遭到挫折。

我对全国高考成功者的研究结果发现，在 20 个影响高考成功的因素当中，占第一位的因素是考生考试中的心理状态；占第二位的是考生考前的心理状态；占第三位的是考生平时的学习方法；占第四位的是学习基础。高考成功的规律就是：知识水平是高考取得成功的基础；考生良好的心理状态是考试水平发挥得好的重要保证。状元们的成功经验就是能以平常心对待高考，学习成绩与心理状态二者全优。但是很多考生只重视前者，而忽视后者。当然学生用功是必要的，但还要注意心态的调整。

常：每年高考时，总有不少考生不能正常发挥，作为高考心理研究专家，您是怎样看待这个现象的？

王：这种现象是比较常见的，主要有以下几点原因：

1. 情绪高度紧张，造成手不断地发抖，严重影响考试水平的正常发挥。有的考生考试时因为紧张，造成头痛、头昏眼花，甚至脑子一片空白。

轻度紧张可使考生注意力集中，精力充沛，有助于临场发挥。而情绪过于紧张，可导致心态失衡，生理功能失调，智力效应降低。这往往是造成考生发挥失常的主要原因。

2. 没有进入考试状态。运动员在赛场上是否进入状态，对竞赛成绩影响很大，同样，考生在考场上是否进入状态也很重要。比如，有些考生考试前一星期仅仅看书、看笔记、看卷子，而不做练习题，所以，考试时由于手生找不到感觉，进入不了状态，影响发挥。有些考生考试前挑灯夜战，凌晨一两点钟才睡觉，白天考试精力不足，一时进入不了状态，也影响发挥。

考生进入考试状态的标志如下：心情平和、情绪饱满、注意力集中、精力充沛、智力活动正常。

3. 观察出了问题。在考试中无论审题、做题都要做到观察准确、快速、全面，以准确为基础。有的考生审题马虎，甚至看错题，因此所答非所问。考生在平时的学习中要注意训练自己观察的准确性、敏感性和全面性，为考试正常发挥打下坚实的观察力基础。

4. 记忆提取能力差。有些考生考后经常说，考试的内容，平时也记住了，怎么到考试时就想不起来了？其主要原因是考生的记忆提取能力差。为了在考试中充分发挥记忆提取能力，考生在平时练习中要注意知识的归类、整理，使知识系统化、网络化。

5. 习惯性思维的束缚。有些考生一旦遇到过去没有见过的题，总是按照习惯性思维去解题，不善于调整思维方式，也不会去换个解题思路，因此影响了发挥。

6. 缺乏考试策略技巧。有些考生不善于总结自己的考试策略与技巧，因此，考试中缺乏章法。例如，有些考生做题前松后紧，有些考生看哪道题分多，就先做哪道题，结果做不出来，时间也用了不少，心慌起来，影响发挥。因此，考前要善于总结适合自己的考试策略与技巧，便于在考试中加以灵活运用。

常：那么，考生应该怎样消除这些不良因素呢？

王：高考若想获得成功，第一要素是考生掌握知识和运用知识的能力，这是“硬件”，是高考成功的基础；高考前、高考中考生的心理状况是成功的“软件”，起调节作用，既可以往高发挥，也可以往低发挥，甚至可以超常发挥。要取得高考的成功，“硬件”和“软件”同等重要。那么，怎样才能调整好心态呢？我概括为 16 个字：强化信心，优化情绪，进入状态，充分发挥。

强化信心。目标不宜太高，期望值要适当。期望值过高，经过努力达不到，会挫伤信心；期望值过低，调动不了积极性。考生之间不要相互攀比，特别是不要与成绩好的学生去攀比。考生要学会给自己定一个合适的目标，稍稍跳一下就够得着的目标。另外，要学会给自己积极的心理暗示，走路时挺胸抬头，步伐有力，速度稍快（比平时快 1/4）。每天都对自己说：“我能行，我一定能考上！”这样自然就可以焕发信心。

优化情绪。情绪变化会引起生理变化，发生不良情绪时要及时调整。考生和家人对高考要有一颗平常心；经常听听适合自己的音乐，学会放松；

其实考前适当的紧张是正常的，一定不要再去做新考卷，也不要担心还有一些“资料卷”没做，应该回归课本，回归基础；要经常积极地自我想象，当你情绪不高的时候，不妨想象一下你高考成功时的喜悦，以振奋自己的精神；平时要学会深呼吸，先有节奏地缓慢吸气，一两秒钟后，张开小口缓慢呼出。这对调节情绪很有帮助。

进入状态。我建议考生在考试前每天不仅要温习书本、笔记等学习内容，还要每天适当地做些旧卷子，热热身、练练手、找找感觉，有助于正常发挥。特别是做自己做得很好的，一做就会的试卷，这样可以增强信心。同时，必须在这不到 10 天时间里，把自己的兴奋点调整到上午 9：00～11：30，下午 3：00～5：00。每个考生的兴奋点时间不一样，有的是早晨，有的是夜晚，所以，要利用这几天，把自己的兴奋点调节到和高考时间一致，这很重要。因此，考生考前要注意调节好生物钟，不要开“夜车”，尽量在高考时间段内看书、做练习，经过生物钟调节，达到在考试时间段内大脑兴奋、精力充沛，促进考试正常发挥。

充分发挥。考生加强发散性思维的训练，逐渐学会运用发散性思维去思考和解决问题，在考试时，就会从不同的角度去分析问题，从不同途径去解决问题。考生要找到适合自己的考试方式，在考试中一定要审好题，我建议每个考生审题时要看两遍，第一遍力求掌握题的要求，第二遍力求把握题的内在联系；答题要做到又准又快；答题时，一个方法不行，就要马上考虑换另外一个，要把思路放宽，一定要提醒自己用发散性思维来答题；一定不要先做难题。

常：距今年高考的时间已经很有限了，考生们怎样才能进入良好的临考状态?

王：首先要做到自我减压增强信心。很多考生在临近高考时，心里很慌，一会儿认为自己这张卷子没做，一会儿认为那道试题还没有解答。没完没了的试卷把考生搞得筋疲力尽，没有头绪。实际上，在临近考试的阶段，没有必要再搞题海战术了，因为这只会给自己加压，造成紧张的情绪。

不少考生认为，6 月 7 日就要考试了，6 月 6 日晚上早点睡吧，不睡也干不了别的事。结果由于睡得早，与平时的作息时间不一致，在床上辗转反侧不能入睡，产生焦虑情绪。焦虑情绪反过来又影响入睡，形成恶性循环，严重地影响睡眠。建议考生 6 月 6 日晚上按平常时间睡觉，平时没有服过安眠药的考生，即使入睡困难，也不要服用安眠药，否则第二天上午考试提不起精神，影响成绩。

常：据我所知，有一些首次参加高考的考生，心里总怕考不好，不知应试时应该注意哪些技巧与策略?

王：先教他们一个简单办法，进考场要注意快速调整心态“三部曲”。特别在 6 月 7 日，希望每一个考生都这样做。

第一步，从家里去学校的路上，看见自己的同学和老师，主动问好；别人也会回问你好。这样心情就愉快。

第二步，到了考场，对监考老师热情地说：“老师好！”老师也会说：“你好！”这样马上就获得安全感、力量感、支持感、信心感。

第三步，找到自己的座位以后，在座位上闭上眼睛，默念三遍：“我一定会成功！”经过快速心态调整三部曲，你就会以良好的心态，迎接高考。

拿到试卷之后，战略上要藐视试卷，战术上要重视试卷，认真对待每一道题。总结自己平时做题的经验。每一个人在各门功课上都有自己的做题方式和应对方式，应该尽量总结和利用，这样做既节省时间又提高效率。看卷子时要做到准、快、全面，防止看错题或漏题。要大体上分配一下时间，哪些题用多少时间，有一个分配，留有余地。做题先易后难。这样一做就会，马上心里就有底了，也有信心。最后一定要留出 10 分钟左右的检查时间，看看答题有没有错误。

常：孩子面临人生的重大抉择，作为父母，如何才能真正为考生的心理解压？

王：高考前父母的一言一行、一举一动都会对考生产生积极或消极的影响。考试前家人的情绪要稳定，而且要保持愉快的情绪。考生父母对考生只需说一句话："只要尽力就行了。"

高考临近，许多家庭自然把孩子当"重点保护对象"，衣食住行全包下来，复习陪读、考试陪考等做法也是常有的事。父母的一片苦心无非是想让孩子考出好成绩，可是，果真有效吗？

就拿陪读来说，有的考生就反映，自己复习，父母在一边陪读，自己心里很不自在。特别是有的父母还要对考生的复习方法指手画脚，反而干扰考生的正常复习。

再说陪考。事实上，父母陪考等于最大限度地拉近与考试的距离，一旦考生有所差失，其情绪很直接就会感染父母。父母也会因此无法很好地安抚考生情绪，对下一科的考试来说是很不利的。应当相信自己的孩子，只要考生平时已经努力了，就应该让他们自信、坦荡地走进考场。

在考试期间，父母不要追问孩子每科考试情况；不要规定孩子考什么样的大学，把自己的意愿强加给孩子；不要过分关心，在家里一会儿倒水，一会儿送西瓜，这样就是变相给孩子压力，增加其负担，会影响复习功课；不要只重视言教，不重视身教，只要求孩子努力，但自己回家就看电视，甚至打麻将。

（原载《家教与成才》2006 年第 6 期）

平常心最重要
——专家眼中的高考家长心态

刘奕湛 吴 晶

又是一年高考时，即将步入考场的上千万考生背后，是无数家长期盼的眼睛。而这些考生家长的心态，也影响着孩子们的情绪。

记者采访了中科院心理研究所教授王极盛，请这位多年研究高考考生心理的专家就高考考生的家长表现进行点评，希望帮助高考家庭平稳度过关键的时期。

一、过分关心型家长“适可而止”

家长表现：李女士的女儿今年参加高考，她对孩子的一举一动都高度关注。她告诉记者：“这些天我一切以孩子为中心，孩子看书的时候我们就把说话的音量降到最小，孩子想吃什么我就随时给她采购给她做。”尽管如此，李女士发现，女儿这几天情绪很不稳定，有不顺就想和家人吵嘴，李女士什么都不敢说，悄悄忍着，还给女儿赔笑脸。

专家点评：过分关心是中国家长的普遍表现，像李女士这样的考生家长不在少数，他们倾情投入“陪”孩子高考，可有时候并不被理解。研究表明，90.2% 的考生感到压力来自家庭。越到考试临近，家长越要适可而止。有的家长在考试前几天，把孩子所有用具都换成新的，对孩子说话的态度也小心翼翼，这往往会对孩子造成一种负面的心理暗示。

专家建议：越到孩子面临考验的重要时刻，家长越不要改变日常的生活习惯，给孩子一种自然轻松的氛围。在填报志愿的问题上，尤其是考后报志愿的省份，家长一定不要在考前就议论报志愿的话题。

二、细致周到型家长“不必多虑”

家长表现：为了让儿子安心考试，郑女士已提前好几天替孩子到考场“踩点”，把考场周围的每一个路名、出口，以及周围的每家饭店及旅馆，全都转遍了。为了保证孩子有充足的休息时间，她还特意在考场对面的一家宾馆预订了一间每天 300 元的标准间，为孩子争取更多的休息时间。她对记者说：“ 我们有责任替孩子安排好，确保万无一失。”

专家点评：高考考生高考期间住旅馆的现象近年来逐渐增多，不少家长由于对学生休息和路途安全的考虑，都选择在考场附近为孩子租旅馆。高考是对考生脑力和体力的双重考验，如果家离考场不远，考生在一个科目完成后回家休息，回到自己熟悉的环境，是一种有益的放松和休息。住到父母在考场附近租用的宾馆，无形中会增加考生的心理压力。

专家建议：熟悉的环境可以让人心态平和，家的氛围和平常的起居饮食，有助于考生平静应考。家长如果不放心，可以平静护送孩子到考场。如果考场离家太远，交通状况比较复杂，家长也可以为孩子租住宾馆，并让他提前适应宾馆的住宿。

三、心态平和型家长“继续保持”

家长表现：虽然儿子即将高考，陈女士每天依然观看连播 3 集的电视剧，从不去敲孩子的房门，也不给他加餐。除了考试第一天的第一个科目会去送孩子外，她不打算全程“陪考”。陈女士告诉记者：“孩子现在心态不错，我们也没做什么特别的，平时吃什么现在吃什么，平时干什么现在还干什么，一切顺其自然最好了！”

专家点评：高考是孩子迈向人生新阶段的重要一步。孩子未来的路要靠自己去走，不能总靠父母陪伴，因此家长应该理性地对待“陪考”。家长要给孩子创造成长的空间和机会，让孩子自己去面对一些压力和挑战，这样孩子的心智才会真正成熟起来。

专家建议：高考约等于实力加心态。考生掌握和运用知识的水平是高考成功的硬件与基础，考生心态调整的状况是高考成功的软件。家长把高考看淡些，保持平常心，孩子心态就会平稳些。如果孩子主动与家长讨论高考的结果，家长应该对孩子说一些开导和劝慰的话语，增加孩子的信心。

（原载新华网 2009 年 6 月 5 日）

考生进入备考阶段家长做好 10 件事

王极盛

考生进入自我备考阶段时，很多考生将在家中复习。为了确保考前复习质量和调整好考试心态，根据我多年的研究经验，要求家长考前做好 10 件事。

一、家长情绪要稳定

考试前，家长情绪稳定是孩子对待高考心态平和的重要因素之一。有些家长听了一些小道消息，情绪忽高忽低，波动很大，这就会影响孩子心态的平和，会给孩子增加一些情绪上的波动，既影响孩子的心态调整，又影响孩子的复习质量。在高考前孩子备考期间，家长要摆脱外界的干扰，保持平和的心态，这对孩子备考的质量将起很大的作用。

二、家长心情要愉快

备考期间，家长的心情要好，有些家长担心孩子考不好，心情不好，愁眉苦脸，说话很少，孩子一看就明白，家长比自己还紧张。高考前半个月，家庭要有一个温馨和睦的气氛，这将有助于孩子心态的平和。感情的力量是巨大的，温馨的心理气氛，将融化孩子心中的抑郁、苦闷、焦躁，有助于孩子调整心态，有助于孩子提高复习质量。高考前半个月，家庭中不要发生争论，父母之间也不要发生口角，如果确有重要原则性问题需要解决，请尽量放在高考结束之后再进行。每年高考前都有一些考生的父母因报志愿意见不一致或复习的方法不一致产生争论，甚至发生争吵，破坏孩子平和的心态，影响孩子的复习效率。

三、高考尽力就行了

据我的调查研究，很多状元家长，很多重点大学考生的家长，考前都不再唠叨孩子，不再反复叮嘱认真、细致、小心，也不再谈考不好的后果怎样，也不给孩子许愿考好了买什么计算机，更不威胁孩子考不好看我怎么收拾你。他们只给孩子说一句话：“高考时尽力就行了！”很多考生给我讲：“父母这样的话使我心里有底了，我吃了定心丸，我心里踏实了，我会尽力的。”

四、制订合理的复习计划

进入自我备考阶段，很多孩子在家复习，这就需要孩子有一个总体复习计划、各科的复习计划以及每天的复习计划，否则孩子会忙忙碌碌，感觉不知做什么。制订复习计划以孩子的意见为主，家长可以进行一些必要的指导和提示，绝不能包办代替。一般来说，学习成绩比较好，自我控制能力比较强的考生，不必过多过问复习计划，学习成绩比较差或者自控能力比较差的考生，家长就得多费些时间帮助孩子制订复习计划并督促执行。

五、创造安静的复习环境

众所周知，良好安静的复习环境有助于孩子心态的平和，有助于提升复习效果，吵闹的复习环境不仅使孩子心情烦躁，也影响复习效率。因此，在孩子自我备考的阶段，家长要想方设法使家庭的环境保持安静，家长每天可以看看新闻联播等节目，最好不要看世界杯足球赛等容易引起孩子看电视欲望的节目，使孩子分心，影响复习效果。在这个阶段，最好不会客，否则可能影响孩子安心复习，实在要与客人见面，最好在家以外的地方去会客。另外，在孩子复习时间，尽量少打电话，如果打电话也要说话简单，不要拉家常，闲聊天。

六、督促孩子运动与娱乐

在高考自我备考阶段，不少考生一看书做题，就是一个上午或下午，中间也不休息，搞得头晕脑涨，影响学习效率，也影响心情。家长要提示孩子在复习期间做必要的适度的轻微运动。例如散步、做俯卧撑等，有助于孩子解除疲劳，焕发精神。孩子在休息期间也可听些喜欢的音乐，同样有助于孩子调整心态，解除疲劳。但不宜看具有强烈刺激性的武打片等。

七、确保孩子身体健康

高考前，饮食卫生问题造成考生腹泻的现象时有发生。有些考生开空调时间过长而感冒发烧，还有些考生由于天气过热中暑。感冒、腹泻、中暑是考前孩子常见的疾病。它不仅影响孩子心态，也影响孩子考前的复习效率。考前，家长务必注意饮食卫生，不要吃大鱼大肉，不要吃过多油腻的食物，更不要喝过多冰镇饮料。因为它们都容易造成孩子胃肠功能的紊乱。家长要督促孩子让房间通风，多喝一些绿豆汤之类的饮料，确保孩子考前与考试中身体健康，精力充沛。

八、经常帮助孩子调整心态

孩子在家备考阶段，心态有些变化甚至出现焦躁不安的情绪，也是常有的事，家长不必过于担心。但家长应以平等的身份，从尊重孩子人格的角度出发，帮助孩子及时地调整心态，避免孩子不良心态的继续发展。帮助孩子调整心态时，家长应既讲一般的原则，又要告诉孩子一些调整心态的具体方法。

九、准备一个高考小药箱

孩子在家备考阶段，很可能出现感冒、肠胃不适、中暑等小毛病。孩子往往复习很忙，顾不上及时去医院看病。家长可以根据自己孩子的身体情况和过去容易发生的疾病，在家中准备一个小药箱和小药盒，把孩子可能发生疾病的相关治疗药物放在里面。告诉孩子放在什么地方，孩子一旦有点小感冒，感觉嗓子不舒服或鼻子不通气立即吃药，防止病情加重。在备考阶段，家长要特别重视预防为主，防患于未然，灭病于早发。

十、做好考试的物质准备

高考前几天，家长要提示孩子把高考时需要的钢笔、橡皮、铅笔、小刀、尺子等文具准备好。高考前一天晚上检查孩子是否把准考证放在备考袋里。考前一两天，督促孩子或者和孩子一起去看看考场，看看交通路线，也要讨论一下如果发生交通堵塞，应采取哪些应急解决方案。我多年的高考研究经验表明，孩子高考的物质准备一定要孩子自己做，家长千万不要代替，以免孩子需要时找不着，影响高考发挥，这样的案例太多了。但家长一定要督促孩子，检查孩子高考的物质准备情况。

考前家长做好 10 件事，确保孩子心态平和，确保孩子身体健康，确保孩子复习质量，以自己的实际行动帮助孩子圆大学梦！

（原载《北京晚报》2002 年 6 月 21 日）

考前家长“五要”“五不要”

王极盛

家长的信心、家长的情绪、家长的行动都会直接或间接影响考生的心态，从而影响考生在考试时的发挥。因此，不仅考生要调整心态，而且家长考前也要调整心态。

家长在考前要力求做到“五要”“五不要”。

一、情绪要稳定

家长的情绪稳定，通过感染、暗示等心理机制，有助于促进考生情绪稳定。家长情绪不稳定，心情紧张不利于考生心态的调整。

有些家长考前情绪忽高忽低，这样很容易使孩子的情绪受到感染。为此家长在考前一定要注意自己情绪的稳定。

二、情绪要愉快

家长要对考生考试充满信心，保持情绪饱满，营造良好的家庭气氛。这会对考生产生积极影响，有助于考生情绪愉快，有助于强化考生的信心。

三、要求孩子尽力就行

在高考前要告诉孩子，只要尽力就行。考什么水平就是什么水平，考什么大学就是什么大学，考不上还可以复读，或者就业。这样有助于考生减轻来自家庭方面的压力。

四、要注意饮食卫生

高考期间正值炎热的夏天，因此家长务必注意孩子饮食的卫生，防止胃肠疾病的发生。有些父母为了加强营养，让考生考前吃大鱼大肉，结果消化不好，影响胃肠功能。

五、要做好必要的督促检查

家长对考生的准考证、考试用品的考前准备情况要做必要的督促检查。家长对考生去考场的路线，赴考场的时间情况要做必要的提示。

下面是家长需要做到的"五不要"。

一、不要定考试分数指标

有些家长考前跟孩子说，每门课考多少分，总分考多少分。这种给孩子定考试分数指标的做法实际上是给孩子心理加压。

2000 年天津市高考状元张宇说：我的父母对我支持很大，并没有为我定什么指标。他们说，发挥出平时水平就可以了，这样我的心情就很平静。

二、不要规定孩子考上什么大学

2000 年山西省高考状元杨长涌说：高考前，父母让我轻轻松松地考，重点大学考不上，考一个非重点学校也行。当时我想上北大，我的父母告诉我，北大上不了，上人大、中央财经大学都可以。他们从各方面为我减轻心理压力。

有些家长在考前提示孩子，一定要考上某某大学，这种做法也是给孩子心理加压。

三、志愿选择不要强加于人

无论考前报志愿还是考试以后报志愿，家长都不要把自己的意志强加于孩子，但是家长对孩子报志愿要给予指导，帮助分析。

特别是在考前报志愿，家长把自己的意愿强加于孩子，容易引起孩子情绪上的不满。这样造成孩子情绪波动，不利于应考的准备。

四、不送孩子上考场

不少家长高考期间，天天送孩子上考场，天天从考场把孩子接回家来。

2000年山东高考状元郭志华说：高考前有些家长对考生特别爱护，给他们吃好的，学习生活上也给他们各种保障。我觉得送孩子上考场没必要，这样容易造成紧张的气氛，使考生产生很大的压力，考试时充满紧张的情绪。在这种紧张的情绪下答题，一般而言思路都不是很通畅。

研究表明，送孩子上考场对考试不利，不利于孩子考试信心的增强，反而会增加孩子的考试心理压力。

五、不问孩子考试结果

在高考期间不问孩子考试的情况，不问孩子考试的成绩，不问孩子考试的感受。否则，容易引起孩子的情绪波动，不利于高考发挥。

（原载《北京晚报》2000年6月27日）

高考前家长谨防爱心误区

王极盛

过分保护往往适得其反，唠叨实际是打扰。

重视高考大纲，别拿小道消息误导孩子。

硬让孩子冲清华，可能连第二志愿也考不上。

家长最大的帮助是创造一个温馨的家庭环境。

中国科学院博士生导师，被公认为“中国高考心理研究第一人”的王极盛教授认为，高考在即，考生家长普遍存在“过分保护、过分干涉、过分期待、忽视身教、忽视心理健康”等误区，并就此提出诸多可行性建议。

一、陪“太子”攻书型

考生母亲刘某，在高考前一个月就向单位请假，全心全意 24 小时为儿子服务，确保儿子在最后冲刺阶段复习好。这一个月里，母亲除了张罗一日三餐几乎没事可干，于是动不动就去儿子房间转转，这引起了孩子的怀疑和反感：妈妈肯定是想看我在不在复习功课，这是为我服务还是监督？刘女士的儿子时常这样想。他还说：“其实为我服务用不着这样，吃饭问题我自己就能解决。而且，我临考前两个星期才放假自习，妈妈何必提前一个月就在家看守我呢？妈妈的不信任至少会使我的高考成绩下滑 10 分。”

王教授提出，临考前，许多家长把孩子管得很紧，以为这是为了孩子好，可是这些主观设想和愿望往往与实际情况不符，不仅没有帮助孩子合理利用时间，反而会造成孩子情绪低落，复习效率降低，甚至高考时不能正常发挥。家长的关键任务还是给孩子创造一个温馨的学习环境和家庭氛围，一厢情愿瞎帮忙，往往会适得其反。

二、多管加压型

刘某是高三的学生。一开学，爸爸就到书店给她买了 6 套高考教辅材料和试卷，回家之后对女儿说："这些是爸爸精心给你挑选的，每天做做有好处。"女儿却说："我哪有时间做那些东西？老师布置的作业都完成不了。"这名家长最初没能说服女儿，但之后还是时常在女儿面前唠叨："有空做做我给你买的那些题。"第一次说了孩子不吭声，第二次说了孩子心里烦，第三次把孩子说火了，跟爸爸嚷了起来："你又不懂这些，你怎么就知道它好？我是先做老师布置的还是先做它？不完成老师的作业怎么跟着老师复习？"爸爸却一心认了死理："老师留的要做，这类参考的东西也要做。"

王教授提出，其实这是给孩子增加压力。孩子具体该怎么学自己心里有数。即使有家长考过大学，也已经相隔多年，一切情况和现在都不一样。所以家长不要多管，这些事情属于老师的职责范围，不必多操心，平平常常地对待高考是家长最好的心态。而且，这样做限制了孩子按自己的实际情况去学习，束缚了孩子学习的主动性和积极性。

三、探听小道消息型

有些考生和家长爱打听各方面的小道消息，甚至把小道消息视为官方文件，而对正规渠道传达的文件和精神置若罔闻，这样就会在高考方向上有所偏离。例如，有些考生和家长不仔细地学习理解高考大纲的精神，而是听一些所谓的"高考趋势"报告以及上网查阅相关资料。当然，那些东西可以参考，可以从中受到启发，但是不能主次颠倒。王教授提出，家长必须重视高考大纲，最好先仔细阅读一遍，做到心中有数，这样面对小道消息才有鉴别能力，而且还要帮助孩子明辨是非，不受误导。

四、忽视心理健康型

高三这一年，家长期望孩子上大学、读名校的表现尤为突出。但是，过分的、脱离实际的期待会给孩子造成误导。有的家长硬让孩子冲清华，但有可能连第二志愿也考不上。高中毕业班的老师讲课速度很快，留的作业很多，有不少考生在复习功课时缺乏计划，一会儿做数学题，一会儿背英语，忙忙乱乱，哪一科也没学好。因此，要想事半功倍，考生应制订一个适合自己水平和进度的复习计划，家长可以在一旁给予相应的提示和建议。此外，家长没有必要总去问孩子：作业做完了吗？什么什么复习完了吗？高三的学生对这些基本问题心里都有数，父母的唠叨对考生而言实际是一种打扰。

（原载《北京广播电视报》2006 年 5 月 25 日）

高考前高考中　考生家长五大误区

王极盛

高考在即，家长关心孩子高考是很自然的事情。家长的一言一行、一举一动都可能通过暗示、模仿、感染等心理机制影响孩子的心态，从而直接或间接影响孩子高考复习效率和高考的发挥。有些家长向我咨询，高考前家长应该怎么办?

我曾经访问过 200 名 1999 年至 2001 年的全国省级高考状元，询问高考时他们的父母做了什么。我也曾经访问过近百名高考状元的家长，他们都是普通劳动者。在这个基础上，我写出了两本书《状元培养实录》(父亲篇)与《状元培养实录》(母亲篇)，书中概括出状元父母教育子女的成功经验是：他们该做的都做了，很多父母都能做但很多父母没做；他们不该做的，很多家长也不该做，但做了。

高考前与高考中，家长不该做什么呢? 这里根据我调查的情况，请考生家长走出几个误区。

一、过分保护

高考在即，有些家长把考生看成家里的重点保护对象，请假在家专职为孩子服务，说话轻声轻气，走路小心翼翼，甚至有的母亲专门陪伴孩子复习，一会儿给孩子端上一碗热奶，一会儿给孩子送上西瓜……

家长对考生的过分保护使考生产生心理压力，失去平常心态，影响复习质量。一位考生说：母亲的过分关怀压得我喘不过气来。我心里感觉很恐惧，万一我考不好怎么办? 我真想找个没人的地方大哭一场。

孩子在这种失衡的心理状态下能以平和的心态复习功课吗？能以平常心对待高考吗？我觉得家长以平常心对待孩子的高考就是了，过分保护的行动不但增加孩子的心理压力，也影响了孩子的复习效率。

二、过分干涉

有些家长不顾孩子的实际情况，给孩子制订复习计划，给孩子设立了很多清规戒律，不许孩子接电话，不许孩子打电话，不许孩子看电视……这些考生家长的心是善良的，可是违背了孩子的心理需要，产生的后果是增加了父母与子女的心理隔阂与不满，甚至产生子女与父母的冲突。一位考生说：我在家里一举一动都有很多眼睛监视着，没有什么自由，我对父母的做法很气愤。在这样的心态下孩子能复习好功课吗？

孩子在家自我备考期间，父母为孩子提供安静温馨的家庭气氛，做好必要的后勤工作，在尊重孩子人格的前提下对孩子的复习进行一些必要的督促就可以了，不要像盯着几岁小孩那样去对待参加高考的考生。

三、过分期待

望子成龙、望女成凤是中国父母对子女朴素的期望。家长希望孩子考上大学、考上名校是无可厚非的。但是有相当多的家长不顾孩子学习成绩的实际情况，过高地期待孩子考出高水平，这自然造成孩子的考试压力，抑制了孩子良好的心态。有位考生说：父母的期待给了我很大的心理压力，超越我实际学习水平的要求，我觉得力不从心，心里非常苦闷。在这种心态下备考自然影响复习质量和复习效果。

在孩子备考期间，家长不要提出什么考试目标，要让孩子以平常的心态安心地备考。

四、忽视言传身教

有的家长对孩子要求很严格，但是缺乏身教。高考在即本应给孩子提供安静温馨的家庭环境，可有的家长在星期六、星期日，平时下班后，沉浸在看世界杯足球赛的气氛中。有时还不断地欢呼，孩子在这样的环境下能安下心来备考吗？

我觉得家长在孩子自我备考期间，不利于孩子安心复习的活动不要做。当然不是反对家长看电视，问题是看电视不要影响孩子复习。

五、忽视心理健康

在孩子自我备考期间，家长重视孩子的身体健康是非常必要的。在此期间，家长确保孩子不感冒、不中暑、不拉肚子，是十分必要的。

现在的问题是一些家长正视孩子身体健康，忽视孩子心理健康。有的家长逼着孩子吃营养品，孩子不吃就大发脾气造成孩子心情不好，情绪低落。类似这种情况的例子很多，就不在这里一一举例了。

在孩子备考期间，家长既要重视孩子的身体健康，也要重视孩子的心理健康，因为调整好考生的心态是高考成功的一半。越是临近高考，考生的心态调整越重要。

（原载《北京晚报》2002 年 6 月 27 日）

为孩子树立榜样

王极盛

我所调查的状元的家长大多文化水平不高，他们对孩子的教育不是讲大道理，而是从身边的小事做起。家长以身作则为孩子树立了榜样，用榜样的力量去教育孩子。

浙江省文科状元陈春仙的妈妈没有读过书，爸爸才上了四年的学，在学习上他们帮不了孩子什么忙。但是，他们的精神给了孩子很大的影响。他们非常勤劳，勇敢地面对困难，陈春仙从小就觉得父母非常了不起。父母这种人格的力量激励着她发愤图强、刻苦学习。陈春仙同学家住农村，上学时住校，逢年过节、假期回家还常常和父母一道参加田里的劳动。她生活条件比城里的孩子差一截，但学习成绩却很好。我曾问过她原因，陈春仙说：“爸妈长年在田间辛勤劳作，毫无怨言，我心里既敬佩又难过，我无法改变他们过去的辛酸，但是我心里却憋着一股劲儿，不断地勉励自己，下决心凭自己掌握的知识改变他们的将来。”

1999 年全国高考辽宁省文科状元黄晓庆说：“我们家经济条件并不好，我爸每月 800 多元，我妈每月 290 元。我们家根本没有装修，这在大连已经是很少有的了，家具也是爸爸妈妈结婚时的，但是我们家有很多很多的书。所以我想，未必做大款的女儿就幸福，我觉得我就很幸福。”黄晓庆考上了北京大学。

陈春仙和黄晓庆两位同学的成功值得我们家长思考，生活条件的好坏并不是教育能否成功的关键。父母的价值观和人格对孩子的价值观和人格的形成有着巨大的制约作用。父母给孩子树立榜样，才是教育孩子的根本之道。

（原载《家庭教育周报》2000 年 5 月 9 日）

不给孩子加压

王极盛

很多中考的考生，志愿是父母给填的。不少高考的考生，志愿也是按照父母的意见去填的。在现实生活中，父母干预孩子的学习，给孩子增加学习压力的事情太多了。

我从研究材料中总结出，状元们的家长对待孩子的学习有几个特点：

第一，他们相信孩子学习的自觉性。他们不是强制孩子学这学那，而是尊重孩子的学习兴趣，发展孩子的特长。

第二，他们不给孩子规定每门课要考到多少分，认为孩子学习只要尽力就可以。

第三，他们没有给孩子规定具体要考上什么学校。

高考之前他们不是给孩子加压，而是给孩子减压。他们对孩子说，只要尽了力，考什么样是什么样，父母绝不责备你。不少状元反映，父母的话给了他们很大的鼓舞，使他们能轻装走上考场，以平常的心态去参加考试。

广东省理科状元许顺说，我的父母对我高考的态度是：考得好就报好学校，考得不好就报普通学校。他们总是说，山外有山，人外有人，每个人的能力是不一样的，只要尽力了，考得怎么样没有人会怪你的。人和人之间总是有差别的，第一只能有一个。

新疆维吾尔自治区文科状元江鹏以 656 分的总分考取了清华大学。他说：“高考前父母一再表示考试不用太紧张，考场上只要发挥自己的水平就可以了。这对我充分发挥自己的实力是心理上的强心剂。不紧张反而考得好，越紧张反而越考不好。”

（原载《家庭教育报》2000年6月13日）

家长也要学的“通关秘籍”

萧 为 魏 斌

中国科学院心理研究所博士生导师、中国管理科学院社会心理学研究所所长王极盛教授叮嘱家长“五要”“五不要”。重点中学的专家级教师告诉你怎样帮孩子顺利“通关”。

“一人高考、全家备战”是每个“高考之家”的特点。为了使孩子能考出高分，家长往往想方设法让孩子受到比平时更好的体贴和照顾，这可以理解。问题是，突如其来的“元首”级待遇无形中加重了孩子的心理压力。

每个考生和家庭都有自己预期的考试分数。专家提出，预期分数的意义并不大，因为每年考试题目的难易程度不尽相同。当一科题目偏难时，考生分数可能会低一些，如果每一科题目都偏难，那么考生的成绩会更低。但这样并不影响考生的升学。因为水涨船高，水落船低，题目难时所有考生的分数均会下降，并不是某一个人的事，同时高校可能也会降低录取的分数线。

一、家长五要秘籍

1. 情绪稳定。家长可能把自己不稳定的情绪带给家庭成员。这是家长要努力克服的，否则容易把不稳定的情绪感染给孩子。

2. 精神愉快。在高考之前和过程中，家庭要营造说说笑笑的氛围，不能唉声叹气给孩子带来精神压力。

3. 保证孩子的饮食卫生。大鱼大肉容易让考生消化不良，影响考试。

4. 不能为孩子制订过高的目标计划，不埋怨，不唠叨。

5. 必要的监督。对孩子考前需要准备的准考证、交通工具、文具等要进行必要的提醒和监督。

二、家长五不要秘籍

1. 不要给孩子每门课程设立分数指标，给孩子造成压力。

2. 不给孩子定具体大学目标。

3. 不强求孩子填志愿，要尊重孩子的兴趣和爱好。

4. 不要到考场送孩子，到考场接送孩子容易给孩子造成压力。

5. 高考期间，不与孩子讨论考试情况。

三、高三男女生的通关秘籍

北师大实验中学朱湘君老师说："根据经验和教训，考生在最后冲刺阶段的生物钟调整非常重要。食品卫生安全特别重要，街头的羊肉串、熟食尽量不吃，以免生病耽误复习考试。"

考生要少熬夜，保持正常的作息习惯。精神紧张时，就算复习时间多，取得的效果也不一定好。同时不要暴饮暴食，少吃油腻、生冷食物，多吃些清淡、利口的食物。

四、高三男生的秘籍

上高三的男生已有自立意识，而且有"国事、家事、天下事，事事关心"的习惯。家长在复习期间要减少传统的管教和束缚，使孩子在相对"自由"的状态下进行复习。当孩子与父母因家庭琐事发生争吵，父母要心平气和，大事化小小事化了，不要引发破坏复习情绪的冲突。作为高三学生，孩子自身也要注意保持平和的心态，自己减轻自己的压力，不受外界"世事"变化的干扰。

五、高三女生的秘籍

高考是人生中的一件大事，也是青年人迈向成功的第一步。而许多女孩子在高考期间却不得不承受另一种担忧和困扰——月经不调的烦恼。女孩子在复习期间，由于过度劳累和紧张会导致内分泌失调，引起功能紊乱，造成月经不调，使女孩子无形中产生厌倦、心浮气躁、不安等不良情绪，无法正常地全身心地投入到复习计划中去。如再遇上经期提前或错后、经期头痛、经期失眠、痛经等烦恼，则必然导致情绪波动，增加精神负担，影响正常复习和高考发挥。

为了战胜这一无形的敌人，高考期间，女孩子选择一些有效药品、滋补品进行生理上的调整和身体营养上的补充是十分必要的，最好在医生的指导下进行。

六、通关秘籍

1. 考场攻略之秘籍。“养兵千日，用兵一时。”考场上的发挥当然是最重要的。每年高考都有学生因为紧张造成发挥失常的失败案例。教育专家叮嘱考生，考场上不要急躁，对于分数来说，“是你的就是你的，别让它跑掉”。

2. 语文考试的通关秘籍。语文是文、理科学生都要面对的“强敌”。文言文阅读部分要注意：①文言虚词中把 1999 年删去的“虽”“因”“犹”“哉”又增加进来。②把以前“了解与现代汉语不同的句式和用法”改为“理解”。同时，又把 1999 年删去的“疑问句”再加了进来。③把以前“理解文句”中的两项合并为一项“理解并翻译文中的句子”。④“分析文章”改为“分析综合”，增加了“筛选并提取文中的信息”一项内容，把“分析文章内容”改变为“归纳内容要点，概括中心思想”。

3. 英语考试的通关秘籍。北师大实验中学许连璧老师提醒，要注意动词在不同语境中的使用，另外，考试工具（涂黑铅笔、橡皮）一定要带齐。考场上不要受别人一举一动的干扰，不少人听到旁边同学快速翻页的声响自己心里就着急，其实那可能是旁边同学不会做题弄出的很无奈、很空虚的声音，想到你可能少了一个上名牌大学的竞争对手，心里应该高兴才是。

4. 永远涂不错的秘籍。北师大实验中学朱湘君老师：高考各科考试中都有一定量的机读题，要求用铅笔涂黑，其中英语的机读题量最大。每年都有一些同学因顺序涂错造成“一错再错”。所以必须做一道、涂一道，这样才能保证不会造成恐怖的“多米诺骨牌效应”，只要按照做一道、涂一道的办法做，如果时间不够，甚至都可以不再检查。

5. 高考是非题的通关秘籍。是非题也称正误判断题，这种形式是在考试中列有若干正确或错误的语句，由考生来判断是与非。是非题有两种形式：一种只要求判断正误，不说明理由；另一种除判断正误之外，还要说明理由。无论哪一种形式，都要鲜明地表明自己的态度。有的考生对有的题没有把握就不表态，以为可以不扣分。不表态说明你的分辨能力差，知识掌握不牢，仍然要扣分。

6. 各科通吃的九大法宝。①充分理解试卷要求和说明，不可拿了试卷就盲目答题。②认真填写卷头，在答题之前在指定位置填好自己的姓名、考号等。一些考生总想等到最后填写，而到最后往往是没了时间或者忘记填写。③试卷发下来后，要全面浏览，先不着急做。分析题型的难度，先答什么后答什么。④根据试题难易程度，大致安排划分时间。一般说来，10 分钟了仍对一道题束手无策则考虑越过这道题。⑤认真审题，一般看两遍后再答题。这并不是浪费时间，有时试题可能有细节变化，答题采取先易后难方式，先搁置难题，最后攻克堡垒。⑥改变思路做难题，采用发散思维，不能陷入一种思维方式。⑦选择题既然选错不扣分，尽量作出选择。⑧答卷力求清楚，字迹工整。⑨节约时间，不会做就放弃。

（原载《科技新闻·生活周刊》2000 年 6 月 25 日）

变孩子的“要我学习”为“我要学习”

鱼朝霞

鱼朝霞（以下简称鱼）：每个家长都想把自己的孩子培养成才，到底有哪些因素对人才形成起着重大作用呢？

王极盛（以下简称王）：任何人才都是 4 个方面因素综合作用的结果。

第一是遗传因素。生物遗传特征是人才发展的物质基础，它为人才发展提供了客观可能性。比如，嗓音条件好的人，比那些嗓音条件差的人成为歌唱家的可能性大得多；运动天赋好的人，比运动天赋差的人成为职业运动员的可能性大得多。虽然天赋条件不怎么好的人，笨鸟先飞，经过努力也能成为某方面的人才，但是在培养孩子的兴趣、爱好、特长的时候，多考虑考虑孩子的遗传、天赋还是很有必要的。

第二是社会历史条件。人的成才是和社会的发展分不开的，任何人的成长都会打上时代的烙印，社会历史的发展制约、影响着人才发展的方向和水平。家长在培养孩子的时候,既不能以老眼光、老观念限制孩子的发展，也不能在条件不具备、不成熟的情况下，让孩子超前发展。比如，看到高考有弊端，就否定高考，否定孩子考大学；一听外国的孩子都是接受愉快教育，就任由孩子上课不听讲、回家不做作业。这些都是不顾社会历史发展进程的莽撞、冒失行为，对人才的培养是有害无益的。

第三是教育在人才的发展中起着相当大的作用。给孩子提供怎样的教育，对孩子的影响是很大的。为什么一些家长花高价也愿意为孩子选择一所各方面条件都好的学校呢？那是因为，好学校的环境、氛围对孩子的成长具有相当大的正面影响。家长们之所以都希望自己的孩子能考上名牌学校，是因为名校和非名校在培养人才方面是有差别的，不承认这种差别是不行的。

第四是个人素质在人才发展中起着关键性的作用。在大体相近的遗传背景、大体相近的社会时代背景、大体相近的教育背景下，各个孩子的发展程度不一样，就是因为各个孩子的素质不一样、努力程度不一样。一些聪明孩子，家庭条件好，学校条件也好，但是，就是不肯用心学习，他们不能取得好成绩，就只能怨他们自己；相反，一些先天条件不怎么好，又生长在西部贫困地区的孩子，他们没有优越的外在条件，却以顽强的毅力克服重重困难，成了对国家、对社会有用的人才，这就是他们自身素质起作用的结果。

人才的形成是很复杂的，有各种因素在其中起作用，但关键的因素还在孩子自己。要想孩子成才，家长尽量为孩子提供好的学习条件是一个方面，但更重要的还是要帮助孩子转变观念：变“要我学习”为“我要学习”。孩子有了责任感、自觉性，就会朝着人才发展的方向自我迈进。

状元距离成才还有很长一段路要走

鱼：是不是状元、成绩佼佼者将来一定就能成为国家的栋梁之材？

王：自 1999 年高考改革以来，在高考的考核中，素质、能力的考核比重一年比一年大。如今的状元是素质、能力的产物，而不是死读书的产物。我所采访的几百个状元，他们的思想素质、科学文化素质、身体素质、心理素质都是很好的，他们与家长、老师、同学的关系都处得很好，他们中的很多人还是多才多艺的校园活跃分子。到大学后，我又跟踪采访了他们，得知他们在大学都发展得很好，多数人都保持了第一梯队的水平。

尽管这样，我还是不能说：是状元就是人才；只有状元才是人才；状元的水平一定就比别人的水平高……没有一个状元说过这样狂妄、不知深浅的话。几乎所有的状元都是这样说的：如果再考一次，我们中 99% 的人都当不成状元；在我们学校，在我们省市，比我们聪明、能干的人多的是，这次能考上状元是有很大的偶然性的。

客观地说，状元之所以能当状元，在众多偶然性中，也是有其必然性的；并不是人人都能当状元的，就像奥运健儿，并不是人人都能拿冠军的。只有具备相当实力的人，才有一举夺冠的可能。

但是，对于那些状元和学习佼佼者，我还是要说，此时的成绩并不能代表什么，现在的拔尖者并不意味着以后就一定是拔尖者；现在不拔尖的人并不意味着以后就一定不拔尖。一些家长把自己学习成绩好的孩子视为心肝宝贝，对他们百般宠爱，任凭他们在家什么事也不做，什么责任也不承担。这种教育方式是不对的，对孩子的学习进步、人格发展是非常有害的。努力学习、夺取好成绩是孩子的分内之事，孩子只有努力学习、全面发展的义务，没有以学习成绩优异作为邀赏的理由。

任何状元、尖子生，都不是一好百好、一劳永逸的，他们离国家、社会的栋梁之材还有相当大的距离，千万不能捧杀了他们。

鱼：如何才能使学习成绩好的孩子转变观念、提高能力呢？

王：学习成绩好的孩子，他们的认知方面的智力发展得不错，也就是说，他们的观察力、记忆力、思维力、想象力发展得不错，但是，他们的实践能力怎样还很难说。不能说学习成绩好的孩子，工作实践能力一定就强。因为光有认知方面的能力还不够，还得把认知能力转化为实践能力。因为一个大学生到一个单位、一个部门，别人看你是不是人才，不是看你是哪个大学毕业的，而是看你有没有创新能力、实践能力，所以，创新教育是很重要的。

什么是创新教育呢？创新教育包括创新人格、创新意识、创新能力方面的教育。对于中小学阶段的孩子来说，创新教育的关键是创新人格的教育。因为创新意识、创新能力的宣传已经比较深入人心了，家长、老师都开始重视孩子这方面的教育了。但是，对创新人格的教育还重视得很不够，一些家长、老师还不知道什么是创新人格。

到底什么是创新人格呢？就是一个人的好奇心、探索欲、不怕艰险、百折不挠、坚持真理、纠正错误等方面的综合品质。就像马寅初先生，在年近 80 岁的时候，不向权势低头，不向批评者投降，坚持自己的研究，这就是创新人格在起作用。

三百六十行，行行出状元

鱼：现在，很多家长都热衷于孩子的成功、成才，教子成功的书、各科教辅材料都是家长们竞相采购的畅销书。请问，家长们如此迫切地盼望孩子成功的做法对孩子有帮助吗？

王：家长们渴望孩子成功、成才的心情是可以理解的，但是，一些家长的教育方法却是非常错误的。比如，一到放假，一些家长就给孩子买一大堆的光盘和教辅材料，让孩子在家做各种各样的考题；一些家长频繁地给孩子请家教、换家教，让孩子无所适从。这些都是家长不懂教育的表现。

任何事情都有其自身的规律，家庭教育有家庭教育的规律，学校教育有学校教育的规律，很多家长不懂两者的区别，把提高孩子的学习成绩提到了家教的首位。他们不知道，分数教育、学科知识教育是学校老师的事，做人教育、健康教育、人格教育、创新教育、实践教育才是家长的事。他们该做的不做，不该做的却做了：为孩子的分数干着急、瞎帮忙、帮倒忙，使孩子越学越糊涂，越学越厌学，最后成了分数的牺牲品。很多孩子的考试综合征都是由家长的误导造成的。

还有一些家长，看见别人的孩子考取了国内外的名牌大学，就盲目学习别人的经验，也不管这些经验是否真实、是否适合自己的孩子，好像只要跟着学就能成功似的。他们不知道，每个孩子都有其自身的特点，教育孩子，只能是一把钥匙开一把锁，不可能是一把钥匙开一百把锁。

家长学习一些心理学、教育学的基础知识、基本规律，以此指导自己的孩子是应该的、可行的。但是，如果把别人的家教个案当作普遍的规律来学，那就犯了画虎不成反类犬的错误，妨碍了孩子的健康成长。那些今天跟这个学、明天跟那个学、自己学得很苦，也让孩子学得很苦的家长，应趁早急刹车，让自己和孩子都清醒清醒。

鱼：如何才能使自己的孩子走上顺利成才的道路呢？

王：首先，不要有一夜成名的侥幸心理，更不要相信有什么灵丹妙药可以一下子解决孩子的所有问题。任何人的成人成才都不是一天两天、一年两年的事，而是长期坚持不懈奋斗的结果，“十年树木，百年树人”说的就是这个意思。

其次，就是要讲究科学的教育方法。什么是科学的方法呢？因材施教、因势利导就是很重要、很管用的科学方法之一。盲目跟风、盲目攀比、盲目跟人学是培养不出优秀人才的。只有深入了解自己的孩子，根据孩子的兴趣、爱好、特点，在普遍规律的指导下，因材施教，因势利导，才能最大限度地挖掘孩子的潜力，发挥孩子的优势，使孩子走上健康成才的正道。

最后，应该广义地认识人才、理解人才。什么是人才？凡是通过自己的实践与劳动，为人类的进步，为物质文明、精神文明建设作出成绩、贡献的人都是人才。人才不以学历高低而论，也不以社会地位高低、收入多少而论，只要适合孩子自身的特点，适应社会发展的需要，三百六十行，行行出状元，行行出人才。家长和孩子的思维越宽，孩子成才的道路就越宽。

采访感言

每年，王极盛老师都会接触、采访一些高考状元，追溯他们的成长历程，总结他们的成功经验，给我们家长提供一些中肯的意见和建议。王老师是高考状元研究第一人，对孩子如何提高学习成绩，对家长如何培养孩子深有研究。对于状元，他既不一概否定，也不一味吹捧；他既能看到状元的某些优势，也能看到状元的某些不足。

王老师的这些分析研究，不仅对我们如何认识人才，如何理解人才有帮助，而且对我们如何培养人才，如何提高孩子的整体素质更有帮助。通过学习，愿我们的家长更理智，愿我们的孩子更优秀。

另附一篇给孩子的访谈稿。

附：提高学习成绩的秘诀

鱼：很多学生都认为学习是负担，是苦差事。那些高考状元是怎么看待学习的呢?

王：我从 1999 年开始对全国 31 个省、自治区和直辖市的省级高考状元进行面对面的访谈。在访谈时，我问他们是怎样对待学习的，他们的回答几乎完全一致：都是把学习看成一种义务、一种责任、一种欲望，而不是把学习看成一种累赘、一种包袱、一种苦难。

2004 年高考青海省文科状元王军就说：在我看来，学习并不是一种负担和累赘，而是一种乐趣。人本身就有一种求知欲，我从小求知欲就比较强，所以，我从来不把学习当成一种功利性的东西，而是一心想怎样多学一些知识。这种欲望我一直到现在都没有改变，我想这也许是我学习能有较大进步的一个主要因素吧。

鱼：高考状元遇到学习障碍，他们是怎么排除的呢?

王：2004 年高考安徽省文科状元陈铭说：“虽然学习之旅会有很多的

艰难、坎坷和曲折，但是我们应该看到做任何事都可能遇到困难，所以，不能说学习的路更难走。我始终坚信，在学习上不经历风雨，怎么能见到彩虹呢！”

2004 年高考吉林省文科状元周亚欧这样说：“作为学生，肯定会有累的时候，这时候，我会用一种心理暗示的方法告诉自己：不累，不累。很多时候，你自己觉得累是你主观上的感受，而并不是你真的累了。累可能是一种逃避学习的借口，所以有时候要暗示自己并不累，这也是一种方法。”

2005 年高考重庆市文科状元屈仁丽说：“如果哪次考试不理想，一下课我就冲到阳台上，站在那里一动不动地开始深呼吸。那样，心情就会好起来，而且那个时候，要自己安慰自己，不要想着去依靠别人，自己的事最终要靠自己来解决。”

2005 年高考黑龙江理科状元刘诗泽说：“我和心理老师交流挺多。对于大大小小的挫折，我习惯自己忍受，忍受多了，能发泄一下，感觉也就好了。这是自然而然的感觉，它不能让我一蹶不振，只要我把这种难过的情绪发泄出来，我的心情自然而然就会好起来……”

鱼：一些学生一到考试就紧张，一到考试就想逃避，如何才能处理好学习与考试的关系呢？

王：中国的中小学生在学习期间要经常接受考试，不少学生惧怕考试，拒绝考试，一听说考试就紧张，一听说考试心里就烦，一听说考试就感觉没意思。我认为，一个学生从小就应该形成对考试的正确态度。对考试的态度制约着学习的水平、学习的质量和学习的效率，所以，如何对待考试还是很重要的事。

考试是怎么回事呢？考试是一种检查手段，是一种相对来讲比较系统、公平的检查方法，是学习不可缺少的环节，是巩固成绩、不断提高自己的一个重要检测手段。考试是给我们一次总结的机会，把这一阶段的知识检查、总结一下，会使所学的知识能相互联系起来，融会贯通。考试是为了让我们发现问题。任何一个学生都不能说自己的学习完美无缺，通过考试就能检查我们存在的问题，以便不断改进，不断提高。

不少学生把高考看成人生的十字路口，把高考看成决定命运的一战，一说高考就紧张，就心烦，手就发抖。这是把高考看得过于严重所导致的后果。

那么学生应如何看待高考呢？如果一个学生形成了这样几个关于考试的观念，我觉得，他就会以比较平和的心态去迎接考试、欢迎考试。很多优秀考生会把高考看成类似于平时的考试，而把平时的考试看成高考，所以，能以平和的心态去迎接高考，正常或超常发挥自己的水平。很多优秀生还认为高考是一次选拔赛，值得珍惜，所以非常重视。他们在战略上藐视高考，在战术上重视高考。在高考前准备充分，踏踏实实，一步一步往前走；到高考时感觉自己有信心，能考好，遇到困难也不泄气，所以，他们能考好。

鱼：学生怎样才能提高学习效率呢？

王：首先，聚精会神、集中注意力是提高学习效率的根本保证。2004年高考黑龙江省文科状元方美燕说："掌握自己的生物钟，看看自己的最佳状态在哪个时间段，把自己的弱科和需要高度集中注意力的学习都集中在这个时间段内。学就学个踏实，玩就玩个痛快，想玩的时候不要强迫自己学习，但是你学习的时候就不要想玩的事了，这就是劳逸结合的原则吧，我觉得这样学习效率很高。"

其次，压力要有，但不能过度。心理学研究表明，人们进行活动时都应该有一定的压力，没有压力就没有动力。在有压力的情况下，人会调动体内的积极因素,包括体力的、智力的积极因素去想办法完成它。没有目标,没有压力,做一天和尚撞一天钟,总是处于迷迷糊糊的状态,那是不会有效率的。不过,压力不能过度,超过自己承受力的压力往往会使人丧失信心,甚至会造成心理功能的失调,产生一些心理问题。保持适当的压力,人才能不断进步。

再次,要进入学习状态。做什么事情都有状态,人进入状态才能提高效率。运动员比赛时,进入不了状态,水平就发挥不出来;学习也一样,进入不了学习状态就难以提高学习效率。要想进入学习状态就要严格要求自己,养成良好的学习习惯,在什么时间内做什么事情要养成习惯,逐步形成一种生物节律,到时就开始学习,人就容易进入状态。

最后,应劳逸结合。有些同学,时间花了不少,学习效率却怎么也上不去,其中一个重要原因就是不会休息。人们常说“不会休息就不会学习”,休息不好,精力不够,身心疲惫,效率自然会下降。要保证有充沛的精力,就要做到劳逸结合,有充分的休息。每个人休息的方法不尽相同,要根据自己的兴趣爱好、时间状况来安排一些适合自己的休息。睡觉是休息,参加一些文体活动也能达到休息的目的。

鱼:学生应如何处理教材与教辅书的关系?

王:现在的学生,特别是高中生,都喜欢购买大量教辅材料来武装自己。很多高考成功的考生跟我讲:抓好课本,抓好基础的东西就什么都不怕了。考试内容都是从基础出发,它不会离开课本,不会离开基础,只不过变换了一下形式。掌握好课本上的基础知识就什么都不用怕了。就怕课本没掌握好,基础没打好,却花很多时间和精力去做许多高难度题,做得头昏脑涨,又累又烦躁,这就很难考好了。

无论是平时学习还是高考,回归课本,回归基础,是一个基本原则。

吃透课本，融会贯通，具有举一反三、触类旁通的能力，就是打好了基础。学生把主要精力用在课本上，用在基础上，在这个基础上再适当看一些教辅书，做一些训练题强化基础，强化课本知识，使基础打得更牢，进一步养成自己运用知识解决问题的习惯，而不是主次颠倒。

有一个考生挑灯夜战，没完没了地做各种教辅难题，忽视课本，忽视基础，结果高考成绩与他的付出相差甚远。很多考生都吃过这样的亏。所以，我主张，听学校老师的指导，不迷信外界的各种宣传，回归基础，回归课本。高考不神秘，只要基础扎实，方法得当，心态良好，发挥正常，每个考生都会取得令人满意的好成绩。

（原载《家长必修的 21 堂教育课》，中国妇女出版社 2007 年版）